# EXCELÊNCIA PESSOAL
## O sucesso pela autoconfiança

### Robert K. Throop e
### Marion B. Castellucci

*Adaptado por Leo Sevigny*

## Tradução
*All Tasks*

## Revisores técnicos

### Cristiane Alves de Macedo

Especialista em Administração de Marketing pela FAAP e Graduada
em Comunicação Social - Habilitação em Relações Públicas pela UMESP.
Atualmente, é professora universitária do curso de Propaganda/Marketing e Logística
da UNIABC de disciplinas que envolvam comunicação, mercado e consumo.
Atuou onze anos em empresas de diversos segmentos como
profissional de marketing e de comunicação.

### Clóvis Luís Padoveze

Doutor em Controladoria e Contabilidade pela Universidade de São Paulo/FEA(USP)
e Mestre em Ciências Contábeis pela Pontifícia Universidade Católica de São Paulo.
Tem graduação em Administração de Empresas pela Pontifícia Universidade Católica de Campinas - SP,
e em Ciências Contábeis pelo Instituto Superior de Ciências Aplicadas de Limeira - SP.
É professor do Mestrado Profissional em Administração da Universidade Metodista de Piracicaba - SP,
onde se responsabiliza pelas áreas de controladoria e finanças, bem como professor de disciplinas
de contabilidade e finanças nos cursos de Ciências Contábeis e Gestão de Negócios Internacionais.

CENGAGE
Learning™

Austrália • Brasil • Japão • Coréia • México • Cingapura • Espanha • Reino Unido • Estados Unidos

**Dados Internacionais de Catalogação na Publicação (CIP)**
**(Câmara Brasileira do Livro, SP, Brasil)**

Throop, Robert K.
    Excelência pessoal / Robert K. Throop, Marion
B. Castellucci ; revisão técnica Cristiane
Alves de Macedo e Clóvis Luís Padoveze;
tradução All Tasks] . --
São Paulo : Cengage Learning, 2009.

    Título original: Personal excellence

    1. Autoestima 2. Auto-realização (Psicologia)
3. Conduta de vida 4. Sucesso - Aspectos
psicológicos I. Castellucci, Marion B..
II. Título.

09-12057                                        CDD-158.1

**Índices para catálogo sistemático:**

    1. Autoestima : Psicologia aplicada 158.1
    2. Mudanças : Vida pessoal : Psicologia
        aplicada 158.1

Dedico este livro ao meu pai, Ken,
que está vivo dentro mim;
à minha mãe, Joie, que sempre me fez sentir especial;
à minha esposa, Joyce, que me ama incondicionalmente;
e às minhas filhas, Tracey, Wendee e Bethany, que me enchem
de alegria sem fim.

*- Robert K. Throop*

Dedico este livro à minha mãe, Agatha Eken Bonney.

*- Marion B. Castellucci.*

**Excelência Pessoal**
**O sucesso pela autoconfiança**

**Robert K. Throop e Marion B. Castellucci**

Gerente Editorial: Patricia La Rosa

Editora de Desenvolvimento: Noelma Brocanelli

Supervisora de Produção Editorial: Fabiana Alencar Albuquerque

Título original: Personal Excellence
ISBN 13: 978-1-4018-8200-6

Tradução: All Tasks

Revisão Técnica: Cristiane Alves de Macedo e Clóvis Luís Padoveze (capítulo 12)

Copidesque: Carlos Alberto Villarruel Moreira

Revisão: Daniele Fátima Oliveira e Maria Dolores D. Sierra Mata

Diagramação: Laura Gillon

Capa: Souto Crescimento de Marca

Para informações sobre nossos produtos, entre em contato pelo telefone
**0800 11 19 39**
Para permissão de uso de material desta obra, envie seu pedido para
direitosautorais@cengage.com

© 2010 Cengage Learning.
Todos os direitos reservados.
ISBN-13: 978-85-221-0759-9
ISBN-10: 85-221-0759-9

**Cengage Learning**
Condomínio E-Business Park
Rua Werner Siemens, 111 – Prédio 20
Espaço 04 – Lapa de Baixo
CEP 05069-900 – São Paulo – SP
Tel.: (11) 3665-9900 – Fax: (11) 3665-9901
SAC: 0800 11 19 39

Para suas soluções de curso e aprendizado, visite **www.cengage.com.br**

Impresso no Brasil.
Printed in Brazil.
1 2 3 4 5 6 7      13 12 11 10

A autoconfiança é a base do sucesso para todos os esforços pessoais, educacionais e profissionais. Para alcançar o sucesso, você deve lidar com os problemas pessoais, econômicos e sociais e se comprometer a fazer um esforço para atingir suas metas. Ter noção clara sobre quem pode vir a ser é o primeiro passo para superar os obstáculos e conseguir sucesso em todas as áreas de sua vida.

Este livro foi elaborado para ajudá-lo a assumir o controle de sua vida e melhorar a autoconfiança. Mescla conceitos e aplicações que ajudarão a descobrir seus potenciais emocionais, intelectuais, físicos e sociais. Por meio de um processo de aprendizado e autoavaliação, você descobrirá seus valores, aumentará seu comprometimento com metas pessoais e se desafiará a crescer e aprender. Enquanto adquire conhecimentos práticos e habilidades, descobrirá seus recursos emocionais, intelectuais, físicos e sociais. Além disso, aprenderá que pode melhorar sua vida mudando o modo de pensar sobre si mesmo – e, então, agir de acordo.

Aqui você terá a oportunidade de realizar diversos tipos de atividades e exercícios direcionados à autopercepção e crescimento interior. Como as pessoas aprendem melhor com suas próprias experiências, *Excelência Pessoal – O sucesso pela autoconfiança* oferece formato especial que o envolve em um processo de aprendizado ativo.

**Robert K. Throop** é ex-diretor de educação corporativa da ATE Enterprises. Com mais de 35 anos de experiência na área de educação desde o ensino fundamental até os níveis de graduação, é o atual diretor administrativo da ITT Educational Services Inc.

**Marion B. Castellucci** formou-se em bacharel pela Universidade Barnard. Possui mais de 25 anos de experiência como escritora e editora de publicações educacionais.

# Sumário

# INTRODUÇÃO

Esteja você buscando o emprego ideal ou mesmo satisfeito com a função que ocupa, a rapidez das trocas de funções hoje em dia exige um desenvolvimento pessoal e profissional constante. Funcionários e pessoas que estão à procura de emprego, que têm jogo de cintura, entendem a necessidade de estar preparado para as inevitáveis mudanças na estrutura corporativa e no estilo de vida pessoal, e para as novas oportunidades de trabalho. O livro *Excelência Pessoal – O sucesso pela autoconfiança* fornece um guia abrangente para conquistar o sucesso se for lido do começo ao fim. A abordagem clara do texto também faz que ele seja uma excelente referência se você tem um tempo limitado pela rotina e precisa de conselhos específicos separados por tópicos.

Ainda que você utilize as ideias fornecidas nessa obra, esperamos que continue a seguir seu próprio caminho para a excelência.

# O PODER DA AUTOCONFIANÇA

## capítulo 1

Após Erik Weihenmayer escalar o Monte Everest, foi saudado como a primeira pessoa com deficiência visual a chegar ao cume mais alto do mundo. Seu feito foi divulgado em jornais, em revistas e em programas de TV. Weihenmayer foi parabenizado pessoalmente pelo então presidente Bush na Sala Oval. Escalar o Everest não foi uma conquista alcançada da noite para o dia. Erik perdeu a visão aos 13 anos e começou a praticar escalada quando tinha 16, sentindo com as mãos e os pés os lugares para se segurar nas rochas. Com o passar dos anos,

> O sucesso não vem até você...você vai até ele.
>
> MARVA COLLINS, EDUCADORA AMERICANA

escalou muitas das montanhas mais altas do mundo, na América do Norte, América do Sul e Antártica. No entanto, escalar o Everest era a meta mais importante de sua vida. Enquanto o escalava, Weihenmayer dizia a si mesmo para se manter concentrado e não deixar que o medo e a frustração ficassem em seu caminho. A parte mais difícil da escalada foi atravessar a geleira Kumbu. Ela é composta de 620 metros de fendas e blocos de gelo quebrados e tão traiçoeiros que os escaladores podem cair e morrer. Weihenmayer alcançou seu objetivo aos poucos. Seguiu as direções do escalador que ia à sua frente com um sininho preso na jaqueta para guiá-lo.

Seu objetivo não é escalar para provar que pessoas com deficiência visual podem realizar coisas maravilhosas. Esse é um benefício à parte para ele. Erik escala porque adora fazer isso. "É necessário se esforçar muito", diz Weihenmayer, "mas há momentos realmente lindos".

## O QUE É SUCESSO?

Vamos dedicar um tempo para refletir sobre o sucesso. Nos Estados Unidos,[1] sucesso é geralmente associado a *glamour*, fama e riqueza. Pode ser considerado também um acontecimento único – ganhar uma eleição ou conseguir um bom emprego. Entretanto, conseguir uma vida bem-sucedida é um processo contínuo. Este capítulo irá explorar seus valores e suas crenças pessoais e fornecer esclarecimentos sobre como se concentrar nessas qualidades pessoais para alcançar o sucesso desejado.

> Se fizéssemos tudo o que somos capazes, literalmente nos surpreenderíamos.
>
> THOMAS A. EDISON, INVENTOR

Um ótimo exemplo de como unir essas qualidades para gerar sucesso é Jimmy Carter, que foi presidente dos Estados Unidos, sem dúvida um dos auges de seu sucesso. No entanto, quando retornou a Geórgia, após o término de seu mandato, explorou novas atividades. O trabalho dele com a Habitat for Humanity, organização voluntária que ajuda na construção e reforma de casas populares, contribuiu para o crescimento dessa entidade. Representou os Estados Unidos em diversas missões diplomáticas no decorrer dos anos. Em 2002, Carter recebeu o Prêmio Nobel da Paz fundamentalmente por seu trabalho realizado após a presidência dos Estados Unidos.

A fama e os prêmios não são os únicos sinais de uma vida bem-sucedida. Uma autopercepção dos valiosos e bons relacionamentos com outras pessoas é geralmente a base de uma vida de sucesso. Conforme disse o campeão de golfe Chi Chi Rodriguez, "O ser humano mais bem-sucedido que conheço foi meu pai, e ele não tinha nada em termos financeiros".

Dessa forma, as pessoas realmente bem-sucedidas estão sempre tentando desenvolver seu potencial. Elas se concentram em suas capacidades e no trabalho

---

[1] É comum na cultura ocidental na perspectiva da realização pessoal e profissional, o sucesso ser sinônimo de riqueza e fama. (N.R.T.)

para torná-los realidade. Além disso, consideram seus potenciais com uma perspectiva abrangente, desde a parte emocional até a intelectual, da social à física. Ademais, percebem que suas habilidades continuam a mudar e crescer à medida que ganham experiência. As pessoas que estão tentando desenvolver seu potencial sabem que a busca pelo sucesso é um processo para toda a vida.

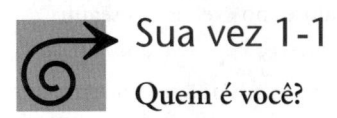 ## Sua vez 1-1

### Quem é você?

*Objetivo*: Pessoas bem-sucedidas geralmente têm uma percepção clara sobre quem são e o que desejam da vida. Esse exercício irá ajudá-lo a definir as qualidades que possui e que determinam quem você é. Dedique alguns minutos para pensar em você e em sua vida. Em seguida, reflita sobre o que você gosta, o que aprecia, em que é bom e sobre o que gostaria de fazer um dia.

## VALORES

As pessoas que possuem uma vida bem-sucedida vivem de acordo com determinados valores. Valores são seus mais profundos sentimentos e convicções sobre você e sua vida. São formados por três partes: (1) o que você pensa, (2) como você se sente e (3) como age, com base no que pensa e sente. Por exemplo: um de seus valores poderia ser honestidade. Você acha que mentir é errado (modo de pensar). Se alguém em quem confia contar uma mentira, você se sente traído (sentimento). Quando você comete um erro, admite-o, em vez de tentar encobri-lo ou culpar outra pessoa (atitude).

Algumas vezes, os três aspectos de valores nem sempre funcionam em harmonia. Considere novamente o valor da honestidade. Mesmo que você acredite que mentir seja errado, há vezes que pensa ou age como se não houvesse problema relativo à mentira. Se alguém pedir que faça algo de que não gosta, você pode mentir e dizer que está ocupado. Mentir o faz se sentir desconfortável, pois suas ações e seus pensamentos são contraditórios. As pessoas se sentem melhor em situações em que os valores do pensamento, do sentimento e da ação trabalham juntos.

## Valores de nossa sociedade

Embora os americanos[2] sejam provenientes de muitas nações, grupos étnicos e raciais diferentes, eles compartilham de diversos valores. Algumas pesquisas de opinião mostram que os americanos adultos valorizam honestidade, ambição e mente aberta. Valorizam a paz, a família e a liberdade. Nem sempre podemos nos comportar de acordo com nossos valores, mas eles representam o padrão a partir do qual julgamos a nós mesmos. Classifique seus valores no exercício a seguir.

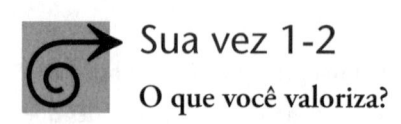

## Sua vez 1-2
### O que você valoriza?

*Objetivo*: Este exercício levará você a pensar nos valores que considera essenciais. Conhecer esses valores irá ajudá-lo a entender como é definida sua motivação interior para o sucesso. A seguir, há uma lista de 15 valores organizados em ordem alfabética. Analise-a atentamente, depois atribua o número 1 ao valor que considera mais importante e o número 2 ao segundo valor mais importante. O valor de menor importância deve ser classificado com o número 15.

Quando concluir a classificação dos valores, confira sua lista e sinta-se à vontade para fazer alterações. Leve o tempo que for necessário para que o resultado final reflita seus valores de forma verdadeira.

| Valor | Valor |
| --- | --- |
| Ambição | Honestidade |
| Animação | Lógica |
| Autocontrole (comprometimento) | Mente aberta |
| Boa aparência | Obediência (bom comportamento, respeito) |
| Carinho | Perdão |
| Competência (capacidade) | Postura prestativa (trabalhando para o bem-estar dos outros) |
| Coragem | Responsabilidade |
| Cortesia (boas maneiras) | |

[2] Assim como nos Estados Unidos aqui no Brasil existe forte influência de grupos éticos e raciais diferentes.

Um estudo de cinco anos realizado para determinar o que 120 dos melhores artistas, atletas e estudiosos tinham em comum revelou resultados surpreendentes. O pesquisador Benjamin Bloom, professor de educação na Universidade de Chicago, disse: "Esperávamos descobrir indícios de grandes dons naturais. Porém, não descobrimos nada disso. Suas mães geralmente disseram que era o outro filho que possuía o maior dom". O estudo concluiu que o elemento-chave comum entre essas pessoas de sucesso não foi o talento, mas sim o comprometimento.

> O único lugar em que o sucesso vem antes do trabalho é no dicionário.
>
> VIDAL SASSOON, CABELEIREIRO PROFISSIONAL

 ## Sua vez 1-3
### Analise seus valores

*Objetivo*: Agora que você determinou alguns valores que considera relevantes, é hora de analisar sua importância. Responda às seguintes perguntas sobre os 15 valores classificados.

1. Por que o valor classificado com o número 1 é tão importante para você?
2. Descreva uma situação em que o valor mais importante para você influenciou seu comportamento.
3. Há situações de sua vida em que alguns dos valores que considera mais importante se aplicam mais do que os outros (trabalho, vida pessoal, espiritualidade etc.)?

---

## Mudança de valores

Nossos valores podem mudar como resultado da experiência que adquirimos. Por exemplo, depois dos ataques de 11 de setembro de 2001 nos Estados Unidos, ocorreram mudanças nos valores dos americanos. De acordo com a pesquisa da CBS News/*New York Times* feita um ano depois, 14% dos americanos reavaliaram suas vidas como resultado do ataque. Embora muitos não tenham sentido que o país tenha mudado, 17% deles acham que as comunidades ficaram mais fortes e 7% sentiram que os americanos tornaram-se mais patriotas, sentem mais orgulho de seu país e são mais simpáticos uns para com os outros do que antes.

## Valores de Benjamin Franklin

Por toda a história, as pessoas têm se preocupado em descobrir seus valores e tentam viver guiadas por eles. Benjamin Franklin, o tipógrafo, autor, diplomata e cientista americano do século XVIII, foi um dos escritores da Declaração de Independência. Além disso, ajudou a redigir a Constituição dos Estados Unidos. Em sua autobiografia, Franklin explica como tentou mudar seu comportamento descrevendo seus valores e, então, tentando viver de acordo com eles, que chamou de "virtudes". Dos valores mencionados por Franklin, quais ainda são importantes hoje? Quais são também verdadeiros para você?

### TREZE VIRTUDES

1. Temperança: não coma demasiadamente. Não beba até a embriaguez.

2. Silêncio: não diga nada além daquilo que beneficie os outros ou você mesmo. Evite conversas fúteis.

3. Ordem: mantenha todas as coisas nos lugares certos. Faça que cada parte de seu negócio aconteça em seu devido tempo.

4. Resolução: decida realizar aquilo que deve. Realize sem falhas aquilo que decidir.

5. Sobriedade: somente gaste o que for preciso para proporcionar o bem a outros ou a você mesmo, isto é, não desperdice nada.

6. Dedicação: não perca tempo. Ocupe-se sempre com algo útil. Elimine todas as ações desnecessárias.

7. Sinceridade: não use de falsidade. Pense com pureza e justiça. Se falar, fale do mesmo modo.

8. Justiça: não prejudique ninguém cometendo injustiças ou deixando de fazer o que é sua obrigação.

9. Moderação: evite extremos. Não fique muito ressentido com as injúrias que são feitas.

10. Limpeza: não tolere falta de limpeza no corpo, nas roupas ou na casa.

11. Tranquilidade: não se incomode com coisas sem importância ou com acidentes comuns ou inevitáveis.

12. Castidade: evite os prazeres sexuais[3] senão para fins de saúde e procriação – nunca até a inatividade, fraqueza ou de modo a perturbar a paz e prejudicar sua reputação ou a dos outros.

13. Humildade: imite Jesus e Sócrates.[4]

**Fonte:** Franklin, Benjamin. *The autobiography of Benjamin Franklin and selections from his other writings*. Nova York: Random House, 1994. p. 93-5.

Os valores também podem mudar em função das experiências pessoais. Uma jovem superou um problema de dependência de drogas com a ajuda do diretor musical da igreja que frequenta. Dessa forma, entendeu a importância da ajuda de outras pessoas. Hoje ela está estudando para ser fisioterapeuta e também poder ajudar os outros.

## CRENÇAS

Enquanto os valores são seus principais sentimentos e pensamentos mais profundos, as crenças são as opiniões específicas sobre si mesmo, sobre pessoas, situações, coisas ou ideias. Em outras palavras, as crenças são atitudes específicas que surgem a partir dos valores que você possui. Por exemplo, se um de seus valores é a ambição, você acredita que um curso superior é importante para alcançar o sucesso. Se você valoriza uma postura prestativa, acredita que deve trabalhar como voluntário em sua comunidade.

---

[3] Atividade sexual.
[4] Antigo filósofo grego que ensinou a virtude e a justiça.

# Armadilhas
## Efeitos das crenças

Psicólogos demonstraram que as crenças têm enorme influência sobre o comportamento, que, por sua vez, pode afetar as crenças. A fábula de Esopo *A raposa e as uvas* ilustra como isso pode acontecer. Quando a raposa vê as uvas pela primeira vez, acha que são deliciosas. Essa crença influencia seu comportamento. Saltou várias vezes tentando alcançar as uvas, mas os cachos estavam muito altos, e ela desistiu. Frustrada, a raposa mudou sua crença: decidiu que as uvas estavam verdes.

Esse tipo de ação e reação entre as crenças e o comportamento acontece sempre. Na maioria das vezes, você pode nem perceber que isso esteja acontecendo. No entanto, suas crenças e as das outras pessoas sobre você – tanto positivas como negativas – têm grande poder de influência sobre o seu comportamento.

---

## Crenças negativas

Todas as pessoas têm potencial para alcançar o sucesso e a felicidade. No entanto, a maioria de nós não chega nem perto desse ideal, pois carregamos uma bagagem de "lixo" mental que nos limita. Esse lixo são as crenças negativas sobre nós mesmos. Alguns exemplos de crenças negativas são:

> Eles não podem tirar nossa autoestima, a menos que a entreguemos a eles.
>
> GANDHI,
> POLÍTICO INDIANO
> E LÍDER ESPIRITUAL

- Não entendo álgebra.
- Não sou inteligente o bastante para fazer isso.
- Ninguém se importa comigo.
- Nunca vou encontrar um emprego.

Infelizmente, crenças negativas como essas influenciam o nosso comportamento. Uma pessoa que afirma não conseguir aprender álgebra, de fato não consegue, e quem afirma não conseguir encontrar um emprego, não encontra. Por quê? Porque não tentam com todas as suas forças. Pensam que falharão, então realmente falham. Uma crença que se torna realidade porque acreditamos nela é chamada de profecia autorrealizável.

## Crenças positivas

As profecias autorrealizáveis, no entanto, não precisam ser negativas. Às vezes são positivas; permitem que você aja e progrida. Algumas crenças positivas ou capacitadoras são:

- Terei dinheiro para ir à escola.
- Conseguirei falar ainda que esteja nervoso.
- Abrirei meu próprio negócio dentro de cinco anos.
- Aprenderei a nadar.

O poder das crenças capacitadoras geralmente faz que se tornem realidade. Porém, não se realizam em decorrência de pensamentos fantasiosos. Em vez disso, as crenças capacitadoras o ajudam a se concentrar naquilo que precisa para realizar algo. Elas dão a autoconfiança para persistir e alcançar o sucesso.

## Outras pessoas afetam suas crenças

As crenças sobre você mesmo, tanto as positivas como as negativas, são influenciadas pelas pessoas que o cercam. Família, amigos, colegas de trabalho e conhecidos, todos influenciam suas crenças. Por exemplo, muitos estudos mostraram o efeito das crenças dos professores sobre o desempenho de seus alunos. Em um experimento, foram ensinados 60 símbolos a 60 estudantes da pré-escola. Um grupo recebeu instrutores que deveriam esperar um bom aprendizado. Já os instrutores do outro grupo esperariam um fraco desempenho no aprendizado. Os resultados? Aproximadamente 77% do primeiro grupo de crianças aprendeu cinco símbolos ou mais. Enquanto apenas 13% do segundo grupo aprendeu a mesma quantidade de símbolos.

> Eu sou alguém! Se minha mente pode conceber isso e meu coração pode acreditar, sei que posso conseguir!
>
> REVERENDO JESSE JACKSON, ATIVISTA DE DIREITOS HUMANOS E LÍDER POLÍTICO

## Vítimas e não vítimas

Se você se permitir ser persuadido por crenças negativas, em breve se verá como uma vítima. As vítimas se colocam em posição de fraqueza. Acham que não são espertas o bastante ou fortes o suficiente para assumir o controle de suas próprias vidas. Vivem dia após dia permitindo que as coisas lhes aconteçam e que suas vidas sejam controladas pelos outros.

As não vítimas, por sua vez, entendem que as crenças negativas podem enfraquecê-las. Têm a capacidade de resistir às crenças negativas dos outros, pois acreditam nos próprios pontos fortes. Por sustentarem visões positivas sobre suas habilidades e metas, as não vítimas geralmente obtêm sucesso nos pontos em que as vítimas falham. O reverendo Jesse Jackson, por exemplo, cresceu na pobreza e conseguiu se tornar um líder político e candidato à presidente pelo Partido Democrata. "Minha mãe foi uma mãe adolescente assim como a sua mãe. Consegui estudar graças a bolsas de estudos e à ajuda das pessoas. O sucesso para mim é nascer em uma família pobre ou desfavorecida e conseguir ser alguém na vida."

## MUDANDO SUAS CRENÇAS

Todos nós sofremos os efeitos das crenças negativas. Alguns de nós mais do que os outros. Às vezes as coisas não acontecem da forma que esperamos, ou acabamos caindo em um padrão de comportamento negativo seguindo as pessoas a nossa volta. Pode ocorrer um fato ou mudança desgastante em nossas vidas que tire o nosso equilíbrio. Quando essas situações acontecem, é hora de prestar atenção em suas crenças. Se elas estão contribuindo de forma negativa para suas dificuldades, você pode mudá-las – e mudar sua vida para melhor.

> Ninguém pode convencer o outro a mudar, cada um de nós possui uma porta que somente pode ser aberta pelo lado de dentro.
>
> MARILYN FERGUSON

Por que você deve deixar as crenças negativas de lado e adotar crenças que permitem alcançar o sucesso? Porque isso funciona. Você deve:

- entender o poder que as crenças exercem sobre sua vida;
- perceber que continuar a pensar de forma negativa prejudicará a qualidade da sua vida;
- mudar suas crenças e o modo de pensar sobre si mesmo.

Ao mudar suas crenças, você muda seu comportamento. Ao mudar seu comportamento, muda sua vida.

## FAÇA O QUE FOR PRECISO

### Linda Pauwels

Você pode tê-la visto na CNN, Fox ou Telemundo – a capitã Linda Pauwels, a única mulher porta-voz da Associação Aliada dos Pilotos. Em 2000, aos 37 anos, a capitã Pauwels tornou-se a primeira mulher de origem hispânica a pilotar um jato da American Airlines. Ela possui outro título de "primeira". De acordo com a Sociedade Internacional de Mulheres Pilotos de Linhas Aéreas, Pauwels é a mulher mais jovem do mundo a pilotar um jato, aos 25 anos.

Nada na infância de Pauwels indicava seu futuro de sucesso na aviação. Quando tinha 6 anos de idade, saiu da Argentina e foi para Miami com sua mãe e seu irmão mais velho. Sua mãe tinha dois empregos e, quando não podia cuidar dos filhos, mandava-os de volta à Argentina para ficar com sua família. Pauwels e seu irmão, à medida que cresciam, ficavam indo e voltando de Miami para a Argentina.

Aos 16 anos, Pauwels voltou definitivamente para os Estados Unidos e conseguiu seu diploma *General Educational Development* (GED). Começou a trabalhar em uma empresa de aviação e voar se tornou sua paixão. Aos 17, tirou sua licença de piloto particular e logo estava fazendo voos de teste em pequenas aeronaves. Quando estava com 22 anos, foi trabalhar na Southern Air Transport – a primeira mulher piloto contratada.

Hoje Pauwels quer criar uma fundação para ajudar jovens de origem hispânica a se tornarem pilotos. "Quero encontrar... crianças de caráter e competentes que podemos notar que conseguirão", explica Pauwels. "Sempre tive pessoas que me ajudaram."

Ela também voltou a estudar para se tornar bacharel em ciências aeronáuticas.

---

**Fontes:** Lobaco, Julia Bencomo. Capt. Linda Pauwels: Flying sky high. *Hispanic*, p. 20 e 32, jun. 2002; Pauwels named hispanic business 100 most influential hispanics. *APA Pilot Perspective*, p. 2, 14 ago. 2002; Other notable firsts. International Society of Women Airline Pilots, disponível em: <http:// www.iswap.org/firsts/other.html>, acesso em: 21 jan. 2003.

### Utilizando o solilóquio positivo

Aquela voz negativa interior que diz que as coisas estão indo mal e que sempre ficarão piores precisa ser silenciada. Responder a ela pode ajudá-lo a mudar suas crenças, suas atitudes e seu comportamento.

Para mudar suas crenças e seu comportamento, não precisa falar alto em público, pode utilizar o solilóquio positivo. O solilóquio positivo apresenta três características:

1. É composto de autoafirmações. As autoafirmações mostram que você está assumindo o controle de sua vida.

2. Usa o tempo verbal no presente. Isso mostra que você está pronto para agir.

3. É positivo e entusiasmado. Mantém o foco nas coisas que são e não nas coisas que não são.

 ## Sua vez 1-4
### Utilize o solilóquio positivo

*Objetivo*: Agora que você possui um bom entendimento do impacto negativo da autodepreciação, é importante que saiba como mudar seus pensamentos. Veja a seguir algumas crenças negativas. Reescreva cada uma delas de modo que se transformem em frases de solilóquio positivo.

1. Nunca vou conseguir a promoção que desejo. Sempre chego tarde.

2. É muito difícil trabalhar com este computador.

3. Estarei com _____ anos antes de conseguir meu diploma (universitário ou certificado).

Responda às seguintes questões:

1. Já vivenciou uma situação em que você teve pensamentos e sentimentos negativos? Descreva-a.

2. Como você utilizaria o solilóquio positivo para mudar suas crenças e seu comportamento?

# Dicas

## Sete crenças de pessoas bem-sucedidas

As crenças positivas irão fortalecê-lo para que possa utilizar seu potencial emocional, intelectual, físico e social. Assim, as coisas acontecerão da maneira que deseja. As pessoas que conseguem o sucesso de forma constante dedicam todos os recursos que possuem para alcançar suas metas. Vamos examinar sete crenças que muitas pessoas bem-sucedidas seguem.

1. Tudo acontece por uma razão e um propósito. As pessoas passam por experiências boas e más. Em vez de dar importância aos eventos ruins, as bem-sucedidas pensam em termos de possibilidades futuras.

2. O fracasso não existe. Em vez disso, há apenas resultados. Se o resultado não é o desejado, as pessoas bem-sucedidas mudam suas ações e produzem novos resultados.

3. Aconteça o que acontecer, assuma a responsabilidade. As bem-sucedidas não culpam os outros quando algo dá errado. Assumir a responsabilidade é um dos melhores indicadores da maturidade de uma pessoa.

4. Não é necessário entender tudo para utilizar tudo. As pessoas bem-sucedidas não desanimam com pequenos detalhes. Aprendem o que precisam saber e não desistem.

5. Depois de você, as pessoas representam seu melhor recurso. As bem-sucedidas possuem enorme respeito e apreço pelos outros. Entendem que bons relacionamentos compõem uma das bases de uma vida de sucesso.

6. Trabalhar é brincar. Ninguém alcança o sucesso fazendo algo que odeia. Trabalhar deve ser animador, desafiador e interessante. Deve ser divertido.

7. Não existe nenhum sucesso duradouro sem comprometimento. As pessoas bem-sucedidas são persistentes. Continuam a fazer o melhor que podem.

---

## AUTOCONFIANÇA

O resultado de seus valores e suas crenças é sua autoconfiança. Autoconfiança é sua confiança e seu respeito por suas próprias habilidades, e é a parte de nós que resiste ante as dificuldades. Fatos ruins podem acontecer e nos ferir – física, emocional ou economicamente –, mas nossa autoconfiança positiva não precisa ser prejudicada. As pessoas que têm autoconfiança entendem que as circunstâncias externas não alteram sua confiança interior.

## Melhorando sua autoconfiança

> Se você deseja adquirir uma qualidade, aja como se já a tivesse.
>
> WILLIAM JAMES, PSICÓLOGO E FILÓSOFO

Você percebeu que sua autoconfiança não é tudo que podia ser? Há modos de melhorá-la.

- *Aceite a si mesmo.* Reconheça suas próprias qualidades e não espere ser perfeito. Todos possuem habilidades e talentos especiais. Esforce-se para descobrir e desenvolver os seus.

- *Preste atenção em si mesmo.* Tente descobrir o que o faz se sentir satisfeito e faça coisas que lhe deem prazer. As pessoas bem-sucedidas fazem o que gostam.

- *Utilize o solilóquio positivo.* Esforce-se para conseguir o máximo de suas habilidades desenvolvendo uma atitude mental positiva. As pessoas bem-sucedidas afirmam para si mesmas que alcançarão o sucesso.

- *Não tenha medo de tentar coisas novas.* Lembre-se de que o fracasso não existe – o que existe são apenas resultados.

- *Lembre-se de que você é especial.* Ninguém mais tem o conjunto de capacidades e talentos que você possui. Seus valores, suas crenças e emoções, e o modo como os trata, constroem sua singular personalidade.

# BASE DO SUCESSO

A autoconfiança é a base do sucesso. Quando você acredita em si mesmo, é possível conseguir tudo aquilo que estabeleceu em sua mente. A autoconfiança permite utilizar seu potencial emocional, intelectual e físico para agir. Isso significa progredir para alcançar seus sonhos e suas metas. Ao agir, você obtém resultados; ao obter resultados, melhora sua autoconfiança, já que conseguiu algo com sucesso. Uma autoconfiança aprimorada dá segurança para continuar agindo. O processo de construir a autoconfiança é um ciclo. Quanto mais tenta, mais conquista e maior será sua autoconfiança. Confiar em si mesmo com comprometimento pode fazer milagres.

Tome como exemplo Mahatma Gandhi, um homem com muitas características excepcionais, sendo uma delas a sólida confiança em si mesmo e em suas habilidades. Enquanto as elites do poder indiano tentavam quebrar as regras coloniais da Inglaterra com discursos e lutas, Gandhi estava nos campos trabalhando sozinho com os pobres. Gradualmente, conseguiu uma impressionante ajuda e a confiança das pessoas comuns da Índia. Sem um cargo político ou capacidade militar, ele e seus seguidores acabaram derrotando a Inglaterra. Além disso, a Índia conquistou independência como nação.

> Se deseja ter uma vida de sucesso ... você ... precisa saber em que acredita... Assim terá coragem para trabalhar nessas crenças.
>
> RUDOLPH GIULIANI, EX-PREFEITO DA CIDADE DE NOVA YORK

Embora Gandhi seja claramente alguém excepcional, as pessoas bem-sucedidas reúnem algumas de suas características. Estão dispostas a fazer o que for preciso para alcançar todo seu potencial sem prejudicar os outros. Não são necessariamente as "melhores" ou as "mais brilhantes", mas possuem autoconfiança e forte comprometimento com suas metas. Você pode ser uma delas.

## Elementos da excelência

Depois de ler este capítulo, você aprendeu:

- como seus valores e suas crenças podem ser mais bem compreendidos para conquistar o sucesso pessoal;

- como seu sistema de crenças pessoais afeta quem você é e como é visto;

- o que pode fazer para mudar suas crenças pessoais a fim de conseguir mais sucesso e autoconfiança;

- como canalizar o poder da autoconfiança para aumentar seu potencial e alcançar o sucesso.

## DIÁRIO

Pensar em novas ideias é muito útil, mas escrever sobre elas em um diário irá ajudá-lo a entendê-las melhor. Você poderá visualizar como as ideias podem se relacionar com sua própria vida. Nesse diário, você deve manter informações sobre como seriam seus dias e conquistas ideais.

Aprenda como ter sucesso, valores, crenças e comportamento respondendo às seguintes perguntas em seu diário.

1. Descreva a pessoa mais bem-sucedida que você conhece. Em sua opinião, o que a torna uma pessoa de sucesso?

2. Com quem você aprendeu seus valores mais importantes? Como eles foram ensinados?

3. Dê um exemplo pessoal de crenças ou pensamentos positivos que influenciaram suas ações.

4. Descreva: (a) um comportamento que gostaria de mudar e (b) como utilizaria o solilóquio positivo para mudá-lo.

# COMO ESTABELECER METAS REALISTAS

*capítulo 2*

Alguma vez você já saiu caminhando ou dirigindo, em uma tarde de sábado, sem um destino específico em mente? Mudou de direção aleatoriamente, talvez tenha visto algo interessante, talvez não. E quando voltou para casa, não sabia exatamente se tinha feito alguma coisa ou não.

Andar para lá e para cá pode ser uma boa forma de passar uma tarde, mas não dá certo para a vida toda. No entanto, muitos levam a vida assim – reagindo às mudanças, deixando as coisas acontecerem, indo de um lado para o outro. Em 20, 40 ou 60 anos, essas pessoas podem perceber que muito do seu tempo na Terra passou e elas têm pou-

> A vida é uma jornada: se você não tem um mapa, um plano e um cronograma, perde-se.
> PHILLIP C. MCGRAW, AUTOR DE *ESTRATÉGIAS DE VIDA*

co para mostrar. Quem é capaz de conquistar realizações e sucessos geralmente tem o controle da própria vida. Percebe que é responsável por si mesmo, compreende seus próprios valores e habilidades, decide o que quer e vai atrás.

Se você não é assim, talvez inveje quem seja. Todos nós conhecemos alguém que desde cedo já sabia exatamente o que queria da vida – ser modelo, mecânico ou enfermeira, por exemplo. O fato de terem os objetivos tão claros ajudou essas pessoas a focar seus esforços e alcançar o que queriam.

Você também pode assumir o controle e determinar a direção de sua vida. Você já começou esse processo no Capítulo 1.

## IDENTIFICANDO SUAS METAS

Uma boa maneira de começar a identificar seus objetivos é pensar sobre seus desejos e sonhos mais profundos. Talvez você sempre tenha desejado ser dançarino, visitar a China ou ter sua casa própria. Pode ser que queira ter três filhos, ser o prefeito da cidade ou ter o seu próprio negócio.

Talvez você não pense em seus sonhos há muito tempo. Se esse for o caso, pergunte a si mesmo: o que faria se lhe restasse apenas um ano de vida? Se pudesse realizar três desejos, quais seriam? Se tivesse a certeza do sucesso, o que escolheria fazer?

## Metas: desafiadoras e realistas

Seus sonhos constituem a fonte de muitas das suas metas. Pessoas que alcançaram conquistas extraordinárias partiram, muitas vezes, de sonhos que pareciam inatingíveis. Dessa forma, concentrando-se em seus sonhos, conseguiram canalizar as energias para realizá-los, um passo de cada vez.

Ser realista não significa necessariamente desistir dos sonhos que parecem difíceis demais. Suas metas devem ser realistas, levando em consideração seus talentos e suas habilidades singulares. Contudo, também devem ser desafiadoras e exigir esforço para atingi-las, pois, se forem muito fáceis de alcançar, não estará realizando todo o seu potencial. Você pode ir além.

## Tipos de metas

Você tem sonhos e objetivos para cada aspecto da vida? As metas podem ser classificadas em pessoais, educacionais, profissionais e comunitárias.

### Metas pessoais

As metas pessoais dizem respeito à sua vida familiar ou particular. Talvez você queira entrar em forma, perder cinco quilos, ter um relacionamento melhor com sua esposa ou aprender a tocar guitarra. Em geral, os objetivos das metas pessoais são: melhorar os relacionamentos com a família e os amigos e aperfeiçoar-se no âmbito pessoal.

## Metas educacionais

As metas educacionais são relativas aos esforços em aprender cada vez mais e melhorar o nível educacional. Podem ser traduzidas no desejo de aprender algo novo, como usar um programa de planilhas. Ou estão relacionadas a certificados, diplomas e graduações que se deseja adquirir ou uma escola que se queira frequentar.

## Metas profissionais

Trata-se de seus objetivos para o trabalho. As metas profissionais podem ser amplas, como tornar-se um vendedor e ganhar R$ 4 mil por mês. Ou mais específicas, como ser especializado em determinada área ou trabalhar em uma empresa específica.

## Metas comunitárias

São aquelas relacionadas a melhorar as condições de seu bairro ou cidade. Alguns exemplos incluem ajudar os moradores de rua, dar oportunidade para as crianças praticarem esportes, participar de associações de pais de alunos ou levar alimentos para albergues. A consecução dessas metas não beneficia apenas a comunidade, mas também traz a satisfação por ter realizado algo.

## Período de tempo para alcançar metas

> Servir os outros é o aluguel que se paga pelo espaço aqui na Terra.
>
> MUHAMMAD ALI,
> CAMPEÃO
> DE BOXE

Algumas metas pessoais, educacionais, profissionais e comunitárias podem ser atingidas em um mês ou levar uma década. Ao estabelecer suas metas, é importante calcular quanto tempo será necessário para alcançá-las (Figura 2.1). As metas de curto prazo são aquelas que podem ser realizadas em breve espaço de tempo – em um ano ou menos. Já as de médio prazo podem ser atingidas em um ou cinco anos. As metas de longo prazo são alcançadas em pelo menos cinco anos.

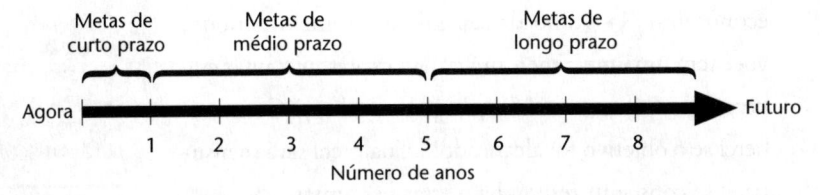

**Figura 2.1** – Metas de curto prazo levam um ano ou menos para que possam ser alcançadas; metas de médio prazo requerem de um a cinco anos; já as de longo prazo precisam de mais de cinco anos.

Observe que metas de longo e médio prazos podem ser entendidas como uma série de metas de curto prazo. Concluir uma graduação ou adquirir um diploma ou certificado é uma meta de médio prazo; passar em cada uma das matérias do curso é uma meta de curto prazo que contribui para o seu objetivo.

## Seis regras para expressar suas metas

Pensar em suas metas não é suficiente. É importante escrevê-las. Expressar as metas ajuda a se concentrar nelas. Estudos demonstram que as pessoas que escrevem suas metas têm muito mais chances de atingi-las do que aquelas que não fazem isso.

Ao expressar suas metas, tenha em mente as seis regras a seguir:

1. *Expresse suas metas em linguagem positiva.* Por exemplo, "Vou mudar meus hábitos alimentares para manter o peso de 55 quilos", em vez de "Não vou comer doces ou biscoitos". Ou ainda, "Vou terminar o relatório antes do prazo", em vez de "Não vou atrasar outro relatório". Ao escrever suas metas, perceberá que palavras positivas têm o mesmo efeito benéfico que a conversa positiva consigo mesmo.

2. *Estabeleça metas da forma mais específica possível.* Evite palavras vagas e gerais, como "Gostaria de viajar". Em vez disso, seja específico e diga "Vou passar as férias em Aruba". Estabelecer metas específicas ajuda a concentrar os esforços para alcançá-las.

3. *Torne as metas mensuráveis.* Suponha que você queira economizar dinheiro. Como saberá que alcançou sua meta? Quando tiver economizado R$ 100 ou R$ 1.000? Deve haver uma forma de medir o alcance da meta. Se deseja economizar R$ 1.000 de seu salário de meio período, você tem uma meta mensurável. Ao expressar uma meta, pergunte a si mesmo: "O que quero realizar? Como saberei se o objetivo foi alcançado?". Sua meta será mensurável se conseguir responder a essas perguntas.

4. *Determine um prazo.* Quando quer alcançar essa meta? Em dois anos? Seja qual for a resposta, comprometa-se com um prazo. Decida quando serão o início e a conclusão.

5. *Tenha diversas metas.* É importante não canalizar seus esforços na direção de um único objetivo ou tipo de meta. Se todas as suas metas forem profissionais, por exemplo, estará negligenciando outros aspectos de sua vida. Tente alcançar um equilíbrio entre metas pessoais, educacionais, profissionais e comunitárias, de curto e longo prazos.

6. *Estabeleça suas próprias metas.* Deixar que os outros determinem suas metas por você, ainda que sejam pessoas com as melhores intenções, como pais, cônjuge e amigos, significa que os objetivos não são realmente seus. Suas metas devem ser nada mais que isso – devem ser suas. Dessa forma, você estará comprometido em atingi-las e, quando isso acontecer, terá alegria e satisfação.

## Dicas
### Criando um plano de ação

Se quisesse chegar a um lugar específico em uma cidade que desconhecesse, seria muito útil ter um mapa das ruas e orientações provenientes da internet. Suponha, porém, que você usasse o mapa errado ou não tivesse nenhum tipo de orientação. Provavelmente se perderia e ficaria frustrado. Da mesma forma, uma vez decididas suas metas – seu destino –, é preciso planejar como alcançá-las. Um plano de ação por escrito ajudará a concentrar seus esforços e a atingir suas metas sem se perder ao longo do caminho.

> Ilumine o amanhã com o hoje.
>
> ELIZABETH BARRET BROWNING, POETISA INGLESA DO SÉCULO XIX

## Sua vez 2-1
### Quais são suas metas?

*Objetivo*: Este exercício visa ajudá-lo a refinar suas metas pessoais. Registre suas metas pessoais, educacionais, profissionais e comunitárias. Lembre-se de classificá-las como sendo de curto prazo (até um ano para serem alcançadas), médio (um a cinco anos) ou longo (mais de cinco anos). Você pode ter mais de um ou nenhum objetivo em uma categoria específica.

### *Resoluções de Ano-Novo*

O primeiro dia do ano é o momento tradicional de estabelecer metas. Depois das festas, em que as pessoas comem, bebem e se divertem muito, o Ano-Novo é a época em que resolvem mudar algo em suas vidas.

O que decidem fazer? O myGoals.com, um site dedicado à definição de metas, divulga estatísticas anuais das resoluções de Ano-Novo. As pessoas que operam esse site baseiam suas categorias de tipos de resoluções na atividade de definição de metas do site. Segundo os dados, em 2003, os objetivos voltados à carreira eram os mais comuns, seguidos dos relativos à saúde e à forma física.

"Trabalho é o que está na mente de todas as pessoas. O crescimento acentuado das metas na área profissional não se refere apenas a conseguir um novo emprego, mas especificamente a melhorar o desempenho no atual emprego. As pessoas estão dedicadas a adquirir novos conhecimentos... É um verdadeiro sinal dos tempos", afirmou Greg Helmstetter, diretor do myGoals.com.

**Fonte:** New trends for 2003 new year's resolutions. Disponível em: <http://www.myGoals.com/about/pressRelease010.html>. Acesso em: 23 jan. 2003.

## Sua vez 2-2

### Preparando um plano de ação

*Objetivo*: Este exercício ajudará a transformar suas metas em ações. Consulte seu quadro de metas que você elaborou no exercício anterior e selecione três de suas metas mais importantes em médio e longo prazos. Empregando o modelo de "plano de ação" apresentado a seguir, crie um plano para essas metas.

## PLANO DE AÇÃO: METAS EM MÉDIO E LONGO PRAZOS

**1. Meta de médio ou longo prazos**

Será alcançada até

*Passo 1*

Resultados necessários

Serão alcançados até

*Passo 2*

Resultados necessários

Serão alcançados até

*Passo 3*

Resultados necessários

Serão alcançados até

*Passo 4*

Resultados necessários

Serão alcançados até

**2. Meta de médio ou longo prazos**

Será alcançada até

*Passo 1*

Resultados necessários

Serão alcançados até

*Passo 2*

Resultados necessários

Serão alcançados até

*Passo 3*

Resultados necessários

Serão alcançados até

*Passo 4*

Resultados necessários

Serão alcançados até

**3. Meta de médio ou longo prazos**

Será alcançada até

*Passo 1*

Resultados necessários

Serão alcançados até

*Passo 2*

Resultados necessários

Serão alcançados até

*Passo 3*

Resultados necessários

Serão alcançados até

*Passo 4*

Resultados necessários

Serão alcançados até

Ao preparar um plano de ação, pense, a princípio, em suas metas de longo prazo. Em outras palavras, comece pensando onde quer chegar. Digamos, por exemplo, que Helena deseja abrir sua própria loja especializada em roupas. De início, decide que quer alcançar essa meta em sete anos. Com o alvo em mente, Helena planeja os passos que deve dar para abrir a loja. Inicialmente, decide trabalhar em uma grande loja de roupas por cinco anos para adquirir experiência. Durante o mesmo período, fará cursos à noite sobre o mercado da moda, contabilidade e outros assuntos empresariais. Além disso, economizará 10% de seu salário anual para as despesas de abertura do negócio. Ao final de cinco anos, Helena planeja procurar emprego em uma pequena loja especializada para obter mais experiência. Durante os dois anos antes de abrir a loja, ela economizará 15% de seu salário.

Helena criou um plano de ação para uma de suas metas de longo prazo. Basicamente, os passos foram:

1. Desenvolver um plano de longo prazo em termos específicos e estabelecer um cronograma para ele.

2. Dividir a meta em objetivos de curto prazo, ou passos, que conduzirão à realização da meta de longo prazo.

3. Indicar resultados específicos das metas de curto prazo para monitorar o progresso.

4. Estabelecer prazos para as metas de curto prazo.

Se você seguir esses passos para cada uma das suas metas de médio ou longo prazos, terá um plano de ação para cada objetivo. Um plano para uma meta de curto prazo eliminaria o passo 2. O plano deve ser escrito para que se possa monitorar o progresso no alcance das metas.

---

 ## Armadilhas
### Alcançando suas metas

Fazer um plano de ação para alcançar suas metas é uma importante etapa, mas, para progredir, será preciso trabalhar duro, manter as metas em mente e perseverar, mesmo em face dos problemas. Algumas pessoas têm dificuldade em dar o primeiro passo na direção de uma meta, enquanto outras progridem, mas desistem quando atingem um patamar. Resista à tentação de parar quando as metas ficarem difíceis. Há aqueles que precisam aumentar sua motivação interior com a ajuda de familiares, amigos ou grupos de apoio. Outros precisam lidar com seus sentimentos em relação às falhas e ao sucesso. Alguns carecem ainda de flexibilidade para mudar e se adaptar a novas situações. Por fim, todos nós podemos aprender a melhorar nossas chances de sucesso com as pessoas naturalmente otimistas.

## FAÇA O QUE FOR PRECISO

### *Doug Blevins*

É comum encontrarmos crianças que sonham com uma carreira no esporte. Poucas alcançam esse sonho na vida adulta, e Doug Blevins foi uma delas. Blevins, técnico do time de futebol americano Miami Dolphins, alcançou seu objetivo de infância, a despeito de uma doença incapacitante, a paralisia cerebral.

Quando garoto em Abingdon, Virgínia, Blevis contou à sua cética família e aos amigos que um dia estaria na Liga Nacional de Futebol Americano, a NFL. Apesar de usar muletas na época, ele envolveu-se no futebol infantil. Quando cursava o ensino fundamental, assistia aos filmes dos jogos dos garotos mais velhos da escola e percebeu problemas na forma como chutavam. Blevins escreveu para o técnico especialista em chutes do Dallas Cowboys, Ben Agajanian, pedindo conselhos. Agajanian enviou-lhe algumas observações sobre o treinamento e fitas para estudar.

Assim, foi lançada a carreira de treinador de Blevins. Seu primeiro emprego foi na escola de ensino médio, como estagiário de treinador assistente do time de futebol. Mais tarde, ganhou uma bolsa e um emprego de meio período como estagiário de treinador no Emory & Henry College e na Tennessee State University. Depois de formado na universidade, ensinou chutes para diversos jogadores, desde times escolares até a Liga Mundial de

Futebol, tudo isso em cima de uma cadeira de rodas. "Não ter dado um chute sequer me ajudou, pois não trago mecanismos ou técnicas ruins para o jogo", diz Blevins.

Finalmente, em 1994, Blevins realizou seu sonho: foi contratado como consultor de chutes para um time da NFL, o New York Jets. Em seguida, trabalhou com jogadores do New England Patriots. Em 1997, Blevins entrou para o Miami Dolphins como treinador de chutes em tempo integral.

Durante os anos que passou com o Miami Dolphins, Blevins foi treinador do chutador Olindo Mare, cuja precisão de gols de campo é hoje de 84,5%, a segunda melhor na história da NFL. "Muitas pessoas veem Doug pela primeira vez e se perguntam 'Como esse cara pode saber alguma coisa sobre chutes?'. Mas o que não sabem é a quantos filmes ele assistiu, o quanto estudou e quanta experiência tem no assunto", diz Mare.

Durante a pré-temporada, Blevins conversa com deficientes, incentivando-os a correr atrás de seus sonhos: "Não deem ouvidos ao que os outros falam. Sigam o coração e façam o que puderem fazer".

**Fontes:** *Metzger's Miami Dolphin News*, 4 jun. 1997; Blevins tutors kickers from wheelchair. *Associated Press*, 3 ago. 1997; Burke, Allison. Willing and able: cerebral palsy couldn't keep Doug Blevins from a place in pro football. *People*, 8 set. 1997; Broadwell, Bethany. Blevins coaches his way toward goal. *iCan News Service*, 22 nov. 2001, disponível em: <http://www.ican.com/news>, acesso em: 23 jan. 2003; Coaching Staff Profile, disponível em: <http://www.miamidolphins.com/lockerroom/coachingstaff/coachingstaff_blevins_d.asp>, acesso em: 23 jan. 2003.

## DANDO O PRIMEIRO PASSO

Velhos hábitos e estilo de vida são forças poderosas. Dar o primeiro passo na direção de uma grande meta pode ser difícil. No entanto, adiar uma atitude que deve ser tomada agora é o caminho certo para não alcançar as metas. As pessoas que adiam as ações geralmente têm uma boa razão para isso.

> Você sempre errará 100% dos lances que não der.
>
> WAYNE GRETZKY, JOGADOR DE HÓQUEI

Adiar uma tarefa não tornará as coisas mais fáceis. Pelo contrário, ao ser impelido a adiar algo importante, você deve pensar cuidadosamente no que o está impedindo de avançar. Talvez você esteja se sentindo tímido, indeciso, apreensivo, negativo ou mal consigo mesmo. Sente que não consegue fazer algo, por isso não faz. O resultado é a inércia.

Para superar o hábito da protelação, você pode mudar suas crenças e seu comportamento. Já abordamos o poder da conversa positiva consigo mesmo para melhorar sua autoconfiança. Se você é daqueles que adiam, agora é hora de ter uma conversa séria consigo mesmo.

## Dicas para dar o primeiro passo

Use a técnica da visualização. Isso significa imaginar como seria se já tivesse alcançado a meta. Que cena vem em sua mente? Que sons ouve? Como as pessoas ao seu redor o tratam? Imaginar o futuro pode nos impulsionar a fazer as coisas hoje, com o intuito de criar o futuro que queremos. Visualizar seu sucesso dá um impulso mental poderoso para dar o passo inicial.

> A melhor forma de terminar uma tarefa é começar.
>
> Anônimo

Outra abordagem para evitar o adiamento é começar a fazer uma pequena parte da tarefa. Existem diversas técnicas que você pode utilizar nesse processo.

- Defina um prazo para começar. Concentrando-se em uma data inicial, encontrará energia para dar o primeiro passo, pois fez um compromisso consigo mesmo.
- Faça uma lista das pequenas tarefas – isso levará um ou dois minutos – que o ajudarão nesse processo. Em seguida, realize a primeira delas.
- Faça algo relativo à meta. Se você tem de escrever cartas, mas não consegue começar, inicie gradualmente a tarefa procurando pelos endereços ou preparando os envelopes primeiro.
- Separe um curto período de tempo para dedicar-se à sua meta. Por exemplo, diga a você mesmo que nos próximos cinco minutos trabalhará em tarefas relativas ao seu objetivo.
- Comece pela pior parte. Às vezes, enfrentar e terminar a parte mais difícil abre o caminho para o alcance da meta.

Qualquer uma dessas abordagens, aliada à conversa positiva e à visualização, pode ajudá-lo a dar o primeiro passo.

## Utilizando a abordagem da maestria

Muitas pessoas começam bem quando tentam perseguir seus objetivos. Mas, depois, vão esmorecendo e desistem. Passam por um curto pico de progresso, seguido de um período de estagnação, durante o qual nada parece acontecer. Um exemplo que ilustra bem essa situação é um homem que tem como objetivo aprender um novo esporte. De início, ele faz um rápido progresso, mas, depois, em vez de continuar progredindo, atinge um patamar. Por semanas e até meses, o nível de habilidade permanece o mesmo. Por fim, acontece um novo pico de progresso e sua maestria no esporte aumenta.

> Para alcançar grandes coisas, precisamos não apenas agir, mas também sonhar; não apenas planejar, mas também acreditar.
>
> ANATOLE FRANCE, ESCRITOR FRANCÊS DO SÉCULO XX

O segredo da abordagem da maestria é esperar e aceitar que você atingirá períodos de estagnação. Quando isso acontecer, não desista! Em vez disso, persista, entendendo que a estagnação é natural e que você, em algum momento, apresentará mais progressos.

## AUTOMOTIVAÇÃO

Como você se mantém perseguindo um objetivo mesmo quando atinge um nível de estagnação? Como é possível continuar motivado a agir para continuar se esforçando e tentando? Motivação é ter energia para perseguir um objetivo. É composta de necessidades e incentivos que nos fazem agir de uma maneira específica. A motivação pode ser complexa, mas serão abordados em seguida dois aspectos particularmente relevantes para a consecução das metas.

Em princípio, a motivação que vem de dentro é chamada de intrínseca. Quando você está intrinsecamente motivado, faz algo porque quer e lhe dá prazer. Digamos que você goste de fazer aeróbica e que isso lhe faz bem. Você está intrinsecamente motivado para exercitar-se.

Suponhamos, no entanto, que uma amiga saiba que tem de fazer exercício, porém ache isso chato. Você quer que ela faça uma aula de aeróbica com você.

Para convencê-la, pensa em algum tipo de motivação extrínseca, que se trata de um prêmio externo por um comportamento. Você oferece à sua amiga uma roupa de ginástica e uma carona até a academia. Essas motivações extrínsecas podem ser suficientes para que ela vá com você, pelo menos por um tempo. Entretanto, com o passar dos dias, o valor da motivação extrínseca diminui. Depois de algumas semanas, os prêmios extrínsecos perdem o poder de convencer sua amiga a fazer aeróbica. Todavia, se ela descobriu que aeróbica é divertida e a faz se sentir bem e bonita, terá adquirido a motivação intrínseca para exercitar-se. Seus prêmios não serão mais necessários, pois sua amiga está motivada por si mesma a continuar os exercícios.

> Uma falha nem sempre é um erro; pode ser simplesmente o melhor que alguém pode fazer sob determinadas circunstâncias. O verdadeiro erro é parar de tentar.
>
> B. F. Skinner, Psicólogo

Na maioria dos casos, apresentamos uma combinação entre a motivação extrínseca e a intrínseca. Uma pessoa pode gostar de aprender sobre computadores (intrínseca), mas também está fazendo isso para ganhar créditos para um curso (extrínseca). Os psicólogos descobriram que a melhor forma de motivação extrínseca é o elogio. Ao contrário de outros prêmios extrínsecos, o elogio tende a aumentar a motivação intrínseca da pessoa.

Se você está intrinsecamente motivado para alcançar uma meta, suas chances de atingi-la são grandes. Esforçar-se para realizar um objetivo é algo que lhe dá prazer, portanto você não procura desculpas para parar. Se sua motivação intrínseca precisa de um golpe de energia, faça uso da conversa positiva consigo mesmo e da visualização para manter sua energia em alta. Dê os parabéns a você mesmo pelo que conquistou até aqui e imagine como será quando sua meta for atingida. Se você precisa de um pouco de motivação extrínseca para seguir em frente, há duas coisas que pode fazer:

1. Monte um sistema de premiação para você mesmo. Por exemplo, quando concluir uma etapa da meta, dê a si mesmo algo de que goste. Apenas tome cuidado para não deixar que o prêmio seja mais importante que a tarefa.

2. Recrute o suporte de seus familiares e amigos. Se você comunicar suas metas e seus sucessos, o orgulho que os outros sentirão por suas conquistas será uma fonte de motivação poderosa para continuar.

## SUPERANDO OS MEDOS

O medo, com frequência, cruza o caminho da ação. As pessoas são acometidas por medos de diversas naturezas. Os dois tipos de medos mais importantes, capazes de interferir na conquista de uma meta, são cometer erros e obter sucesso.

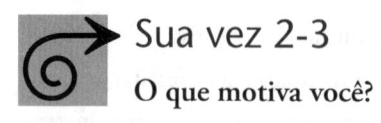 ## Sua vez 2-3

### O que motiva você?

*Objetivo*: Este exercício visa ajudá-lo a determinar o que o motiva a alcançar suas metas. Considere os três objetivos para os quais você criou os planos de ação. O que o motivará a conquistar essas metas?

| | |
|---|---|
| **1.** *Meta 1* | **3.** *Meta 3* |
| Sua motivação intrínseca | Sua motivação intrínseca |
| Fontes de motivação extrínseca | Fontes de motivação extrínseca |
| **2.** *Meta 2* | |
| Sua motivação intrínseca | |
| Fontes de motivação extrínseca | |

Você pode pensar que o medo de errar faz todo o sentido. De certa forma, faz. Ninguém gosta de parecer burro, incompetente ou ridículo. Na verdade, é nossa percepção do erro que causa o medo. Em vez de vê-lo como um resultado ruim ou um revés temporário, percebemos o erro como uma derrota e vergonha. Se nos lembrarmos de que todos erram em algum momento, podemos começar a colocar o medo em perspectiva. O erro pode render lições valiosas para o sucesso.

Por mais estranho que possa parecer, as pessoas também temem o sucesso, mas raramente têm consciência disso. Essas pessoas colocam obstáculos no caminho da realização de suas metas. Por quê? Elas temem que o sucesso traga novas situações e responsabilidades com as quais não conseguirão lidar. Algumas acreditam que não merecem o sucesso. Na verdade, provavelmente podem ser bem-sucedidas, mas a maioria das pessoas tende a subestimar suas habilidades.

Se o medo o estiver impedindo de atingir suas metas, diga isso a você mesmo: "O medo é natural. Sinto medo, mas vou fazer isso assim mesmo".

## Sendo flexível

A vida significa mudanças, e as pessoas que não alteram seus objetivos de acordo com as modificações enfrentam problemas. Suponhamos que sua família se mude para outro estado ou você se interesse por outra carreira. Seria insensato continuar tentando alcançar objetivos que não são mais relevantes. As metas e os planos de ações não estão entalhados em pedras. Quando sua situação muda, seja flexível e altere suas metas e seus planos de ação para que possam se ajustar à nova circunstância.

## Armadilhas

### Sendo menos que perfeito

As pessoas perfeccionistas geralmente desanimam ao tentar atingir suas metas. Exigem perfeição de si mesmas, nada do que fazem é bom o suficiente e estão sempre com pressa. Acima de tudo, os perfeccionistas não reconhecem que podem cometer erros e acreditam que devam parecer fortes o tempo todo.

Por sua vez, as pessoas que realizam seus objetivos tendem a ser mais tranquilas consigo mesmas. Reconhecem que são seres humanos e que têm defeitos. Cometem erros, mas fazem o melhor que podem. Percebem a importância de agradar a si mesmas. São flexíveis e tranquilas, bem como abertas para novas situações e pessoas. São essas pessoas que possuem os recursos internos para o êxito.

## A importância da esperança

Os psicólogos estão descobrindo que a esperança exerce papel importante na consecução das metas. Um estudo com 3.920 calouros universitários revelou que o nível de esperança no início do curso representava um melhor prognóstico de suas notas na faculdade do que o desempenho anterior em testes padronizados ou a média de suas notas no ensino médio. Charles R. Snyder, psicólogo na Universidade de Kansas, salienta que "Alunos com mais esperança definem metas mais altas e sabem como agir para alcançá-las".

Para Snyder, a esperança é mais que um sentimento de que tudo vai dar certo. Trata-se de uma crença de que você tem a vontade e os meios para atingir suas metas. Em outras palavras, as pessoas com comprometimento e autoconfiança são esperançosas, e aquelas naturalmente esperançosas são felizardas. As demais, porém, podem aprender formas esperançosas de pensar. Para adotar os hábitos mentais das pessoas esperançosas, você pode:

- recorrer a amigos para obter ajuda na realização das metas;

- empregar a fala positiva;

- acreditar que as coisas irão melhorar;

- ser flexível o suficiente para mudar seus planos de ação quando necessário;

- ser flexível o suficiente para mudar suas metas quando necessário;

- concentrar-se nos objetivos de curto prazo que você precisa realizar para alcançar a meta de longo prazo.

 ## Elementos de excelência

Após ler este capítulo, você aprendeu:

- a desenvolver metas eficazes e mensuráveis que conduzem ao sucesso pessoal;

- as etapas para criar um plano de ação, com propósito de atingir suas metas;

- as técnicas que ajudam a alcançar suas metas de maneira eficiente e medir o impacto delas;

- a ser flexível e aberto a uma mudança de cenário, o que certamente auxilia na consecução bem-sucedida de seus objetivos.

*Atualize-se*

A internet tem diversos sites que fornecem boas orientações e bons conselhos para a definição de metas.

- MyGoals.com é um dos principais sites para definir metas. Ele conduz o usuário passo a passo por um processo abrangente para definir qualquer meta, de curto ou longo prazos, fácil ou difícil, prática ou complicada.

- A Mind Tools Ltd. é uma empresa britânica que vende software para ajudar as pessoas a pensar mais produtivamente. O site oferece sólidos conselhos gerais sobre como estabelecer metas e dicas para atingir esses objetivos – http://www.mindtools.com. Também oferece um software para a definição de metas.

- Os sites da College Net e College Opportunities On-Line podem ajudá-lo a determinar ou alcançar metas educacionais por meio de uma ferramenta de buscas de informações sobre faculdades: http://www.collegenet.com e http://nces.ed.gov.

- Caso suas metas educacionais incluam frequentar uma faculdade comunitária, confira dois sites que fornecem informações sobre essas instituições em todos os Estados Unidos: http://www.mcli.dist.maricopa.edu/ e http://www.utoledo.edu. Em vez de acessar um site específico como esses, também é possível fazer uma busca usando a palavra-chave "definição de metas" (*goalsetting,* em inglês) ou outras relacionadas às suas metas específicas. Por exemplo, você pode fazer uma pesquisa sobre determinada carreira, um tipo específico de trabalho voluntário ou o nome de uma escola que tem interesse em frequentar.

## Diário

Faça o que é pedido a seguir.

1. Neste capítulo, você fez uma relação de suas metas pessoais, profissionais, educacionais e comunitárias. De todas elas, qual é a mais importante para você? Por quê?

2. Visualize a si mesmo quando tiver atingido sua principal meta. Descreva como será sua vida.

3. Qual o maior obstáculo que você acredita que enfrentará para alcançar sua meta? Como pode superá-lo?

4. Liste as pessoas que podem ajudá-lo ou apoiá-lo em seu empenho para atingir esse objetivo.

# Como melhorar suas habilidades cognitivas

*capítulo 3*

Você já foi mal em uma prova porque estava resfriado? Já se viu incapaz de resolver um problema porque estava extremamente ansioso? Essas experiências comuns demonstram que nossa habilidade de pensar é afetada pelo nosso bem-estar físico e emocional. Quando se está bem consigo mesmo, tanto emocional como fisicamente, a habilidade de raciocinar melhora.

Estudos revelam que todos nós temos uma capacidade cerebral muito maior do que utilizamos. É possível aumentar nossa habilidade cognitiva explorando um pouco essa capacidade não utilizada. Compreendendo como o cérebro funciona, podemos refinar nossas habilidades cognitivas. Neste capítulo, você aprenderá a respeito do cérebro e aperfeiçoará sua capacidade de memorizar, pensar criticamente, resolver problemas e pensar criativamente.

> Rechearei sua cabeça com um cérebro, mas não posso lhe dizer como usá-lo. Você tem de descobrir por si.
>
> (O Mágico de Oz para o Espantalho, que pediu para ter um cérebro.)
>
> L. Frank Baum, Escritor Americano

## Cérebro

Cerre os dois punhos e junte-os com os polegares para cima e os braços tocando-se do pulso ao cotovelo. Você acabou de reproduzir um modelo bruto no cérebro humano. Esse órgão, que pesa 1 quilo e 500 gramas, é o chefe complexo de todas as atividades de nosso corpo.

A habilidade do cérebro humano de lidar com percepções, pensamentos e sentimentos complexos é a chave para o nosso sucesso como espécie. Não conseguimos correr tão rapidamente como uma onça ou enxergar a presa com olhos tão aguçados como os de uma águia, mas usamos o cérebro para compensar nossas limitações físicas. Os seres humanos sobrevivem porque seu cérebro filtra constantemente as informações advindas do ambiente. O cérebro nos informa o que é seguro ignorar – a maior parte do que nos rodeia – e no que devemos prestar atenção. Cada vez que depara com algo novo, o cérebro procura encaixar a nova informação em um padrão existente de neurônios para dar espaço a esse novo elemento. Nós, seres humanos, temos capacidade para o aprendizado e possuímos memória, por isso prosperamos.

> O ferro enferruja com o desuso, a água parada perde sua pureza e congela nos dias frios; da mesma forma, a inércia mina o vigor da mente.
>
> LEONARDO DA VINCI, ARTISTA, MÚSICO, ENGENHEIRO E CIENTISTA DA RENASCENÇA ITALIANA

O cérebro, no entanto, é capaz de prestar atenção apenas em uma sequência de pensamentos conscientes por vez. Está sempre eliminando informações excessivas pelo processo de esquecimento. Em que o cérebro presta atenção? Está atento às coisas que têm significado para você (informações com conexão em uma rede existente de neurônios) ou a elementos que suscitam os sentimentos (informações que o fazem sentir medo, felicidade ou fome).

É possível utilizar essa compreensão bastante elementar do funcionamento do cérebro para melhorar nossa habilidade de memorizar, raciocinar logicamente, resolver problemas e pensar criativamente.

## Memorizando

Umas das funções mais básicas do cérebro é a memorização. Sem a memória, outras habilidades de aprendizado e raciocínio seriam impossíveis. O cérebro armazena na memória uma imensa quantidade de informações, desde as importantes, como o aparecimento de um amigo, até as triviais, como o som da campainha de sua última casa.

A maioria dos psicólogos distingue três estágios da memória: (1) memória sensorial, (2) memória de curto prazo e (3) memória de longo prazo. A Figura 3.1 apresenta um diagrama do modelo de memória em três estágios.

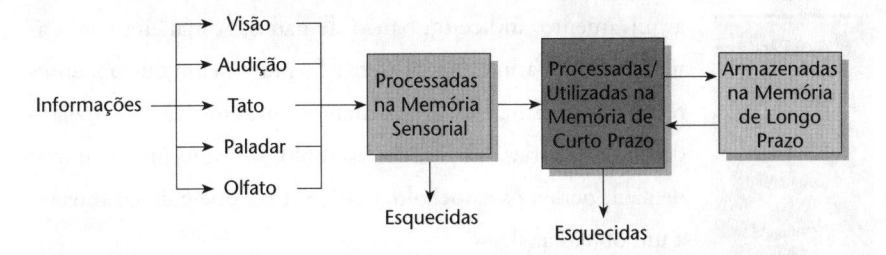

**Figura 3.1** – A memória consiste de três estágios: memória sensorial, de curto prazo e de longo prazo. Nossos cinco sentidos percebem as informações ao redor, que são processadas na memória de curto prazo. Lá, são processadas e utilizadas. Em seguida, são esquecidas ou enviadas para a memória de longo prazo para armazenamento. Quando a informação é necessária, é recuperada da memória de longo prazo, se puder ser encontrada.

Tudo o que você percebe é registrado na memória sensorial, o primeiro estágio. Nela, o material permanece menos de alguns segundos enquanto o cérebro o processa, procurando o que é importante. Em seguida, a maior parte dessas informações desaparece.

Alguns materiais da memória sensorial alcançam o segundo estágio, a memória de curto prazo. Para chegar lá, o novo material combina-se com informações já armazenadas, sendo feita uma associação ou padrão significativo. Por exemplo, ao ver um *T*, você imediatamente o reconhece como a letra *T*. Você o reconheceria tanto em minúscula, t, como em itálico, *t*, em maiúscula, *T*, ou ainda em letra cursiva, *T*. Sem essas associações com a letra *T*, você teria muito mais dificuldade para colocá-la na memória de curto prazo.

O material na memória de curto prazo são as informações que estamos utilizando no momento. A capacidade dessa memória é pequena – em média, cerca de sete unidades de informação significativa – e geralmente não dura mais de 20 segundos. Para fazê-la durar mais tempo, a repetição ajuda. Por exemplo, se você está perdido e alguém está lhe dando orientações, tem de repeti-las para gravá-las na memória. Se alguém, porém, interrompê-lo, você provavelmente ficará confuso e se esquecerá das orientações.

Alguns materiais na memória de curto prazo chegam ao terceiro estágio, a memória de longo prazo, que dura muito mais do que a de curto prazo. As memórias de longo prazo são as que não precisamos no momento, mas são armazenadas. Na realidade, essa memória é geralmente comparada a um complexo sistema de arquivamento, índice ou banco de dados. A maneira como as memórias são armazenadas afeta a facilidade com que podemos recuperá-las. Em geral, armazenamos novas memórias associando-as à memórias antigas. Por exemplo, se vemos um novo tom de azul, podemos associá-lo a outros tons que conhecemos ou a um objeto azul.

A capacidade da memória de longo prazo parece ilimitada. Mesmo depois de uma vida inteira de lembranças, ainda comporta mais informações. A maior parte do que nos "esquecemos" permanece nessa memória, mas temos dificuldade em recuperar esse material.

## Melhorando sua memória

Existem algumas técnicas para melhorar a memória de curto e longo prazos. Sem dúvida, uma das formas consagradas é fazer listas e anotações. Contudo, você pode aprender outros recursos puramente mentais que aproveitam o mecanismo de funcionamento do cérebro. Entre eles, destacam-se repetição, organização e mnemônica.

### Repetição

A repetição é uma forma eficaz de melhorar a memória de curto prazo. Repassar algo diversas vezes na mente – ou, melhor ainda, em voz alta – ajuda a manter a informação na memória de curto prazo o tempo suficiente para ser utilizada.

### Organização

A organização das informações auxilia tanto a memória de curto prazo como a de longo prazo. Para ajudar a manter uma informação na memória de curto prazo, você pode organizá-la em sete grupos ou menos. Uma lista de compras com 20 itens, por exemplo, pode ser "agrupada" em: hortifrúti, laticínios, mercearia, carnes, enlatados, produtos de higiene e produtos de limpeza.

A maneira de organizar as informações para um armazenamento de longo prazo auxilia no momento de recuperá-las. Uma das formas de organização é por meio de associações significativas entre a informação nova que está sendo memorizada e informações já conhecidas. Por exemplo, se você quer se lembrar de comprar peixe no supermercado, pode associar o fato à refeição que planeja preparar. As associações não precisam envolver apenas palavras, mas podem utilizar também músicas, sons, imagens, pessoas e assim por diante.

## CASOS E FATOS

### Estudo das Freiras: a importância do exercício mental

"Use ou perca" é um ditado que pode ser verdadeiro no que se refere ao cérebro. Um estudo com 678 freiras trouxe esclarecimentos sobre o motivo de algumas pessoas viverem até uma idade avançada com a mente ativa e intacta, enquanto outras sofrem de doença de Alzheimer e outras formas de demência.

As irmãs do School Sisters of Notre Dame, nos Estados Unidos, representam um bom grupo de estudo do ponto de vista científico. Não fumam, bebem muito pouco e dispõem de boa assistência médica. Além disso, vivem em comunidades semelhantes por toda a vida. Essas mulheres se mantêm ativas mental e fisicamente até uma idade mais avançada. O Estudo das Freiras, como é conhecido, é conduzido pelo médico David Snowdon, da Universidade de Kentucky.

Todos os anos, Snowdon e sua equipe submetem as freiras a testes de memória, concentração e habilidade linguística. Elas são solicitadas, por exemplo, a se lembrar de palavras que viram em cartões e a nomear o maior número possível de itens de determinada categoria em um minuto.

Snowdon também analisou redações escritas pelas freiras décadas atrás quando entraram no convento. Esses textos forneceram evidências das habilidades cognitivas e linguísticas das irmãs quando jovens. Os pesquisadores mediram a "densidade das ideias" – o número de ideias em dez palavras escritas – e a complexidade gramatical das redações. Além disso, procuraram palavras que indicassem uma perspectiva mental negativa ou positiva. As redações permitiram ao médico comparar as capacidades mentais das freiras na juventude e na velhice.

Para sua surpresa, descobriu que as irmãs que demonstraram uma perspectiva positiva em suas redações viveram mais em relação às outras, que revelaram uma perspectiva negativa. Além disso, as freiras cujas redações apresentaram alta densidade de ideias e complexidade gramatical manifestaram muito menos chances do que as outras de desenvolver sintomas da doença de Alzheimer em idade avançada. Os resultados do estudo sugerem que as pessoas que exercitam a mente se protegem do declínio da função mental à medida que envelhecem. As irmãs que deram aulas na escola, por exemplo, apresentaram uma melhor saúde mental na idade avançada do que as que cozinharam e limparam no convento. Claro que a doença de Alzheimer é causada parcialmente por fatores genéticos, por isso, em muitos casos, não é possível preveni-la. De qualquer maneira, as irmãs com maior nível educacional e que tiveram uma vida mental ativa podem ter desenvolvido uma capacidade cerebral extra – mais conexões entre os neurônios. Tais conexões lhes deram um excedente que elas puderam utilizar, mesmo com o possível desenvolvimento do Alzheimer.

Sugere-se, portanto, que uma pessoa comum deve escolher coisas novas e estimulantes para fazer e estudar durante toda a vida. Um personal trainer pode começar a pintar. Um técnico em informática pode aprender um novo idioma. Até mesmo atividades simples, como charadas, palavras cruzadas e quebra-cabeças, podem ajudar a expandir a capacidade cerebral.

---

**Fontes**: Lemonick, Michael D.; Park, Alice. The nun study: how one scientist and 678 sisters are helping unlock the secrets of Alzheimer's disease. *Time Pacific*, 14 maio. 2001, disponível em: <http://www.time.com/tim/pacific/magazine/20010514/cover1.html>; Copp, Jay. This is for the benefit of those who come after us. *Our Sunday Visitor*, 17 jun. 2001, disponível em: <http://www.osv.com/periodicals/show-article.asp?pid=313>; Creative Challenges. 1998, disponível em: <http://www.sunmoments.com/DT/vlil>. Todos acessados em: 28 jan. 2003.

**Mnemônica**

Algumas pessoas aprenderam quais meses do ano têm 30 ou 31 dias utilizando os nós superiores dos dedos e os seus intervalos. Técnicas como essa que auxiliam na memorização são chamadas de mnemônica. Podem ser frases ou abreviações – a primeira letra de cada item a ser memorizado.

Além de rimas e abreviações, existem sistemas mnemônicos que podem ser empregados para ajudar a memorizar informações. Um deles, denominado *pegword* (palavra de associação), consiste em inventar uma história que contém as palavras correspondentes aos números de 1 a 10:

1 é atum; 2 é bois; 3 é trem; 4 é quadro; 5 é cinto; 6 é reis; 7 é Bete; 8 é biscoito; 9 é óvni; 10 é pés.

Após repetir essas rimas algumas vezes, você conseguirá contar de 1 a 10 com as palavras de associação: atum, bois, trem, quadro e assim sucessivamente. Dessa forma, é possível associar visualmente os itens que precisam ser memorizados com as palavras. Por exemplo, se o primeiro item na sua lista é um computador, você pode imaginar um atum devorando o computador. Mais tarde, quando precisar lembrar-se da lista, as dez palavras servirão para retomar os itens. Os números o ajudarão a guardar o número de itens que você deve memorizar.

## PENSANDO CRITICAMENTE

A memória é uma forma de pensamento. Outra forma é pensamento crítico. Ao pensarmos criticamente, avaliamos a veracidade da informação e fazemos julgamentos. Para tanto, devemos estar aptos a raciocinar e pensar logicamente, além de distinguir entre fato e opinião.

### Lógica

Seja de maneira consciente ou não, você se vale da lógica centenas de vezes por dia. Quando está com fome, decide comer; quando precisa saber as horas, olha no relógio; quando está frio, coloca um agasalho. Em todos esses casos, você empregou uma sequência lógica de passos no pensamento. Um tipo de

> Dedicar um tempo para pensar ... é a fonte do poder.

pensamento lógico é denominado raciocínio dedutivo. Nele, a conclusão a que se chega é a de que a premissa adequada é a premissa verdadeira. Considere o seguinte exemplo de raciocínio dedutivo:

| | |
|---|---|
| Premissa | Quando chove, a rua fica molhada. |
| Premissa | Está chovendo. |
| Conclusão | Logo, a rua está molhada. |

Esse exemplo demonstra que você utiliza o raciocínio dedutivo o tempo todo até de maneira inconsciente. No entanto, quando toma uma decisão, tem consciência de seu processo cognitivo. Digamos que tenha de decidir se o seu carro precisa de manutenção. Você pode adotar a seguinte sequência de pensamentos:

| | |
|---|---|
| Premissa | Se o carro vazar óleo, precisará de manutenção. |
| Premissa | O carro vaza óleo. |
| Conclusão | Logo, o carro precisa de manutenção. |

A conclusão no raciocínio dedutivo é sempre verdade se as premissas forem verdadeiras.

Um tipo de pensamento no qual a conclusão nem sempre é correta é o raciocínio indutivo. Nele, a conclusão tirada é aparentemente verdadeira. Eis um exemplo de raciocínio indutivo:

| | |
|---|---|
| Premissa | Os colegas de trabalho Francine e Bill têm o mesmo sobrenome. |
| Premissa | Francine e Bill saem do escritório juntos todos os dias. |
| Conclusão | Logo, Francine e Bill são casados. |

Apesar de ser possível que Francine e Bill sejam casados, essa conclusão pode não ser verdadeira. Eles podem ser irmãos, mãe e filho, filha e pai ou primos. Na verdade, Francine e Bill podem até mesmo não ter nenhum tipo de relação – podem simplesmente ter o mesmo sobrenome.

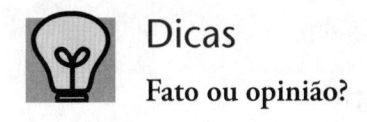
## Dicas
### Fato ou opinião?

Para distinguir entre fato e opinião, pense logicamente. Avalie o material e classifique o que é razão e o que é emoção ou ilógico. Procure por inconsistências e evidências. Antes de tudo, confie em sua própria habilidade de distinguir entre fatos lógicos e ideias provenientes de opiniões e suposições. Uma área em que os americanos têm muita prática nesse tipo de distinção é a propaganda. Pense em seu comercial predileto e tente distinguir entre os fatos e as suposições.

## Resolvendo problemas

A resolução de problemas é outra importante habilidade cognitiva. Para ser bom nisso, você deve ser capaz de pensar criticamente. Além disso, precisa reconhecer que os problemas muitas vezes possuem um componente emocional que afeta nossa habilidade de lidar com ele.

> É sinal de uma mente educada ser capaz de entreter um pensamento sem aceitá-lo.
> ARISTÓTELES, FILÓSOFO DA GRÉCIA ANTIGA

### Atitudes proativas *versus* reativas

Considere o caso de Steve, um rapaz que está tendo dificuldades em se relacionar com um colega de trabalho. Steve pensa: "Não é justo eu ter de lidar com ele. Isso não é problema meu. Afinal, a culpa é dele. Não tenho tempo para resolver isso". Tendo essa atitude, quais as chances de Steve ser capaz de resolver o problema?

Agora, suponhamos que Steve se controle e diga a si mesmo que assumirá toda a responsabilidade pelo problema, fazendo o que for necessário para resolvê-lo. Irá até mesmo solicitar a ajuda dos outros, se necessário. Como acredita que pode resolver o problema, suas chances de sucesso aumentam. Essas duas atitudes em relação à solução de problemas podem ser caracterizadas como reativa e proativa. Uma abordagem reativa é essencialmente negativa. Uma pessoa com essa atitude se sente incapaz de solucionar o problema e tenta jogar a culpa em outra pessoa. Entretanto, quem adota uma atitude proativa assume a responsabilidade e se compromete em resolver o problema.

Portanto, antes de assumir os passos que envolvem a ponderação e solução de um problema, é importante adotar uma atitude proativa.

# Armadilhas

### Poder destrutivo das atitudes negativas

Ter uma atitude negativa pode de fato devastar seu sucesso no dia a dia. Como podemos observar em outras pessoas, ser negativo e pessimista não é produtivo. Infelizmente, é difícil estar sempre animado e positivo, já que os desafios e as mudanças são constantes no ambiente de trabalho. Tenha cuidado, porém, para não ser a pessoa que todos veem dessa forma no trabalho. Avalie sua atitude regularmente.

## FAÇA O QUE FOR PRECISO

### *Lonnie G. Johnson*

Você certamente já viu crianças brincarem com uma pistola de água. Em 1982, o engenheiro Lonnie G. Johnson criou uma pistola de água de alta pressão – a *Super Soaker* – que se tornou um dos brinquedos de verão mais populares já produzidos nos Estados Unidos.

Johnson, que cresceu em Mobile, no Estado americano do Alabama, era o terceiro de seis filhos. Apesar de ter ouvido que não tinha a capacidade de se tornar um engenheiro, ele perseverou. Quando estava no último ano da escola secundária, seu projeto de ciência, um robô de controle remoto, ganhou o primeiro lugar na feira de ciências da Universidade do Alabama. "Naquela época, não se ouvia falar de robôs, e eu era um dos poucos jovens do país a ter o próprio robô", disse ele. Mais tarde, formou-se bacharel em engenharia mecânica e fez mestrado em engenharia nuclear.

Johnson trabalhou para o Laboratório de Propulsão a Jato da Nasa, auxiliando a ajustar uma bateria atômica na sonda espacial Galileu. Também trabalhou em um avião de bombardeio, o Stealth, para a Força Aérea. Em seus momentos de folga, mexia com as coisas em casa. Enquanto tentava inventar um sistema de refrigeração que não utilizasse o gás freon, montou alguns tubos e um bocal em seu banheiro. Pressionando o bocal, um forte esguicho de água atingiu a banheira. Johnson pensou: "Isso daria uma ótima pistola de água".

A Super Soaker vendeu tão bem que, em 1991, Johnson abriu sua própria empresa, a Johnson Research and Development. Quando lhe perguntaram qual a chave do sucesso, respondeu: "Perseverança! Não há um caminho curto e fácil para o sucesso". Quando lhe perguntaram por que inventava as coisas, replicou: "Tenho essas ideias, e elas não param de aparecer".

**Fontes:** Newton, Tracie. Inventor encourages audience to persevere in quest for dreams, holds up own life as example. *Athens Online*, 28 fev. 1999, disponível em:<http://www.onlineathens.com/stories/022899/new_0228990002.shtml>, acesso em: 13 jan. 2003; Fineman, Susan. Sometimes it does take a rocket scientist. *Associated Press*, 13 fev. 1999, disponível em: <http://www.invention-express.com/lonniejohnson.html>, acesso em: 13 jan. 2003; Broad, William J. Rocket science, served up soggy. *New York Times*, 31 jul. 2001, p. D1, D7.

## Sua vez 3-1

### Lide com os problemas de maneira proativa

*Objetivo*: Este exercício visa ajudá-lo a esclarecer uma importante questão pessoal e fornecer uma estratégia eficaz para levantar soluções.

Pense em um problema que você tenha – na vida pessoal, escolar ou profissional – e faça o que lhe é pedido a seguir.

1. Descreva o problema em uma sentença.

2. Escreva todas as razões que o impedem de resolver esse problema.

3. Agora imagine que você pode ter êxito na solução desse problema. Escreva todos os fatores que o levariam a isso.

4. Escreva uma mensagem positiva para si mesmo sobre o seu comprometimento com a resolução do problema.

## Abordagem PrOACT à solução de problemas

Agora que concordamos com uma atitude proativa em relação à solução de problemas, consideremos os elementos envolvidos na resolução de problemas ou tomada de decisões. Muitas pessoas resolvem problemas se valendo do método de tentativa e erro. Isso significa que elas testam soluções aleatoriamente e usam a primeira que funcionar. Não se trata de um método muito eficiente e os resultados em geral são ruins.

Um sistema melhor foi desenvolvido por três professores de administração e consultores de tomada de decisão da Universidade Harvard. Eles basicamente aconselham a dividir um problema em partes e a considerá-lo passo a passo: problema, objetivos, alternativas, consequências e compensações – ou PrOACT, sigla em inglês para *problem, objectives, alternatives* e *trade-offs*.

Seguindo essa abordagem, você divide um problema em cinco elementos e pondera sobre cada um deles separadamente. Assim, recompõe seu pensamento e faz uma escolha inteligente.

1. *Problema.* Em princípio, descubra qual é o problema. Sua capacidade de resolver um problema depende de como você o define. Por exemplo, seu problema é decidir entre comprar um carro ou não, ou decidir que carro comprar?

2. *Objetivos.* Resolver um problema ou tomar uma decisão deveria aproximá-lo da conquista de suas metas. Para resolver um problema, você precisa, portanto, conhecer seus objetivos. Por exemplo, sua meta pode ser comprar um automóvel que tenha espaço para sua família de seis pessoas, um preço razoável e um bom rendimento.

3. *Alternativas.* Em quais linhas de ação você consegue pensar? Quais soluções existem para o seu problema? Levante o maior número de alternativas possíveis.

4. *Consequências.* Para cada alternativa viável, reflita sobre as possíveis consequências ou resultados. Quais alternativas trazem consequências que vão ao encontro dos seus objetivos?

5. *Trade-offs.* Seja qual for a solução escolhida, haverá prós e contras. Você precisa pesar cada um deles e decidir quais são as compensações aceitáveis. Não há solução perfeita para um problema, mesmo a melhor alternativa apresenta desvantagens.

Construir uma matriz ou grade de decisão, como a exibida na Tabela 3.1, pode ajudá-lo a estruturar o problema, explorar as alternativas e tomar uma decisão acertada. Qual carro seria melhor para uma família de seis pessoas?

| Tabela 3.1 Matriz de decisão para a compra de um automóvel para a família | | | |
|---|---|---|---|
| | **Alternativas** | | |
| Objetivos | Sedan | Minivan | Utilitário |
| Assentos | 5 | 7 | 6 |
| Custo aproximado | R$ 45.000 | R$ 45.000 | R$ 65.000 |
| l/100 km | 8,4 l/100 km | 9,4 l/100 km | 18 l/100 km |

# PENSANDO CRIATIVAMENTE

O que torna as pessoas criativas? Inteligência, por incrível que pareça, tem pouca relação com a criatividade. Muitas pessoas altamente inteligentes não pensam de modo criativo. Em vez disso, criativas tendem a ser as pessoas intrinsecamente motivadas. Escolhem fazer o que fazem. Em geral, vivem em um ambiente estimulante que as aproxima de outras pessoas criativas. Elas fazem suas tarefas e não temem ser chamadas de bobas. Não têm medo de cometer erros.

> Levantar novas questões, novas possibilidades, considerar antigos problemas a partir de um novo ângulo requer uma imaginação criativa.
>
> ALBERT EINSTEIN, Físico

## Melhorando sua criatividade

A criatividade não depende de talento ou inteligência, mas de como usamos nosso cérebro. A maioria das técnicas associadas ao aumento da criatividade baseia-se na utilização de modos de pensar negligenciados. Como os modos analítico, verbal e sequencial de pensar dominam a nossa sociedade, as inovações criativas ocorrem em geral quando as pessoas exploram outros modos de pensar. As técnicas descritas a seguir apresentam um ponto em comum: todas enfocam a necessidade de mudança nos processos de pensamento usuais.

### Pensamento associativo

O pensamento associativo é um método segundo o qual você deixa seu cérebro vagar de uma coisa para outra, até mesmo entre assuntos aparentemente não relacionados, com o intuito de obter novas ideias sobre um problema. Assemelha-se à navegação pela internet, em que se vai de um site a outro apenas clicando nos links fornecidos – assim funciona o pensamento associativo.

Para utilizar esse tipo de pensamento, aborde o problema ou a questão e pense em algumas palavras-chave. Por exemplo, se você tem de decidir se deve estudar em tempo integral ou meio período, suas palavras-chave podem ser *escola* e *tempo*. Iniciando por essas palavras, deixe sua mente vagar e anote palavras e pensamentos que lhe ocorrerem. Às vezes, o pensamento associativo desencadeia novas conexões em sua mente.

### Pensamento postergado

Em alguns casos, quando você pensa excessivamente sobre um problema, acaba travando. Não importa o quanto atormente o seu cérebro, nada útil lhe ocorre. Então, você tira o problema da cabeça. Algum tempo depois, como que do nada, você tem uma grande ideia. O problema está resolvido. O que aconteceu? Apesar de ter parado de pensar no problema no nível consciente, seu cérebro basicamente continuou a trabalhar na questão. Você colocou o problema em segundo plano. O pensamento postergado envolve saber quando parar de pensar em um problema e deixar seu inconsciente assumir o controle.

É possível aumentar as chances de esse pensamento ajudar na solução de um problema, adotando os seguintes procedimentos:

- Pense no problema, mas, se não está chegando a lugar algum, pare.
- Faça outra coisa, de preferência algo relaxante. Se for de noite, vá dormir.
- Volte ao problema depois de um intervalo.

Quando voltar a pensar sobre o problema, pode ter adquirido uma nova perspectiva.

### Mapeamento mental

O mapeamento mental é uma técnica criativa que se vale dos processos de pensamento visual e intuitivo, geralmente negligenciados ao tentar resolver um problema. Nesse mapeamento, você esboça seu problema ou questão e os pensamentos que lhe vêm à mente. O resultado é um desenho que representa suas ideias (Figura 3.2).

Desenhe um mapa mental seguindo estes passos:

1. Faça um desenho do problema ou da questão no centro de uma folha de papel.

2. Acrescente palavras-chave e ideias, conectando-as ao desenho central.

3. Use cores, imagens, símbolos e códigos para destacar os pontos importantes.

4. Use o pensamento associativo para levantar outras ideias, ligando-as a outras partes do mapa mental.

Quando seu mapa mental estiver pronto, poderá estudá-lo para encontrar novas relações, *insights* e ideias. Talvez surja um padrão que ajudará na solução do problema.

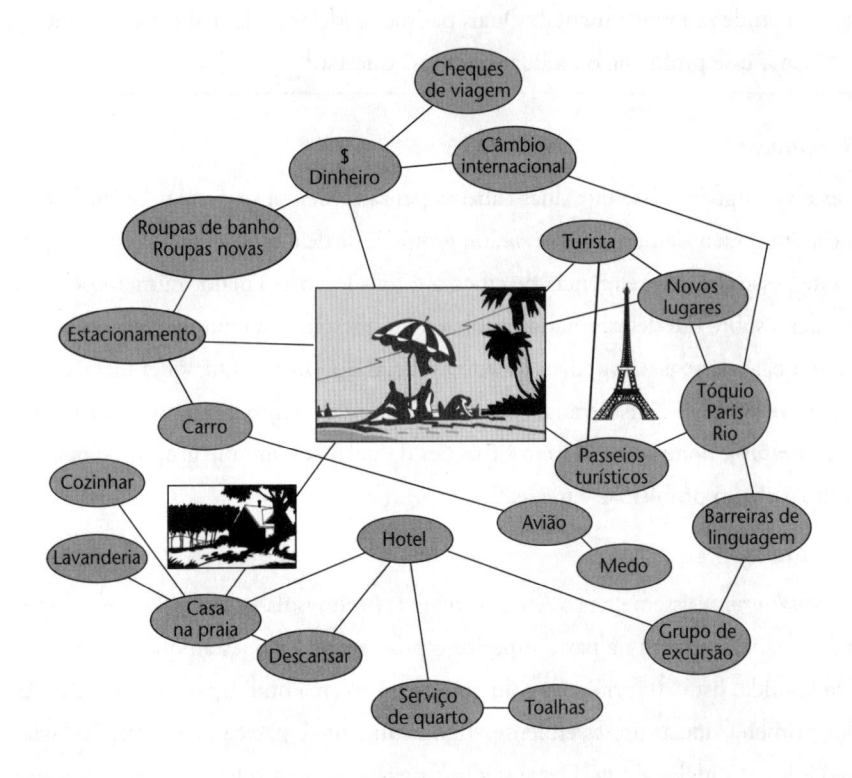

**Figura 3.2** – Visualizar as relações entre as ideias e os elementos pode ajudar a pensar criativamente. Desenhe um mapa mental para mostrar essas conexões.

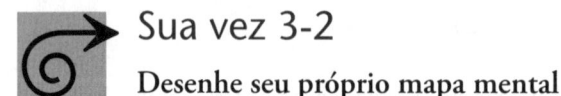

# Sua vez 3-2

## Desenhe seu próprio mapa mental

*Objetivo*: O mapa mental é uma forma eficaz de ganhar perspectiva de uma questão premente em sua vida. O objetivo deste exercício é praticar essa técnica.

Pense em um problema que você tenha ou em uma questão de seu interesse.

1. Em uma outra folha de papel, faça o desenho de um mapa mental com uma imagem relacionada ao problema ou à questão no centro do papel.

2. Escreva palavras-chave ou frases sobre o problema ou a questão em torno do desenho central e faça linhas para mostrar a conexão entre as ideias.

3. Use cores, símbolos, imagens e códigos para destacar as ideias relevantes.

4. Use o pensamento associativo para acrescentar a seu mapa ideias relacionadas.

5. Estude seu mapa mental. Quais padrões e ideias podem ajudá-lo a solucionar esse problema ou a lidar com essa questão?

---

### Brainstorm

Certa vez alguém disse que duas cabeças pensam melhor que uma. Levando essa ideia um pouco além, o *brainstorm*, ou tempestade de ideias, permite que um grupo de pessoas – de preferência de cinco a oito – levante o maior número possível de ideias sobre um determinado problema ou questão. Para que esse processo seja eficiente, as pessoas não podem criticar as ideias dos outros. Qualquer ideia, ainda que improvável, é considerada. A avaliação e o julgamento virão posteriormente. O *brainstorm* pode ser usado em situações de negócios em que grupos de pessoas compartilham problemas e metas.

### Mindstorm

O *mindstorm* se assemelha ao *brainstorm*, mas é feito isoladamente. Pegue uma folha de papel e escreva na parte superior o problema ou a questão que o preocupa. Em seguida, liste 20 formas de solucionar o problema ou lidar com a questão. As dez primeiras ideias provavelmente virão facilmente e parecerão óbvias. Todavia, não julgue as ideias ainda. Deixe sua imaginação no controle e escreva outras dez ideias, mesmo que estranhas. Em seguida, revise a lista e escolha as ideias com maior probabilidade de resolver o problema.

# Elementos de excelência

Depois de ler este capítulo, você aprendeu:

- como o cérebro funciona, como impacta a memória e técnicas para melhorar sua cognição;

- os princípios importantes do pensamento crítico e da solução de problemas, e como usá-los;

- por que o pensamento criativo terá um impacto em seu sucesso profissional e as técnicas para liberar sua capacidade criativa.

## CAMINHO DA INFORMAÇÃO

### *Atualize-se*

Os sites a seguir contêm informações sobre habilidades cognitivas, incluindo memória e pensamento criativo:

- http://www.mindtools.com. Mind Tools Ltd. vende softwares para ajudar as pessoas a pensar mais produtivamente. O site oferece gratuitamente informações sobre como melhorar as habilidades cognitivas e a memória.

- Visite o site How Stuff Works (Como tudo funciona) para ver um resumo sobre o funcionamento do cérebro: http://www.hsw.uol.com.br.

Tente as seguintes palavras-chave para pesquisar informações sobre habilidades cognitivas: *técnicas de memorização, mnemônica, pensamento crítico, solução de problemas, criatividade.*

Além disso, se precisar de ajuda para resolver um problema específico ou pensar sobre um assunto, faça uma pesquisa sobre esse problema ou questão em particular.

Por fim, pesquise sobre qualquer assunto do seu interesse e siga os links de um site ao outro. Os links entre os sites são exemplos de pensamento associativo.

## DIÁRIO

Responda às perguntas do diário e faça o que é pedido.

1. Qual sua lembrança mais antiga da escola? Por que você acha que se lembra disso?

2. Como a sua memória trabalha para o seu benefício no momento? Existem pontos que você desejaria melhorar?

3. Neste capítulo, você escreveu sobre um problema particular. Descreva como pode utilizar a abordagem PrOACT para resolver esse problema.

4. Descreva a pessoa mais criativa que você conhece. Em sua opinião, o que a torna criativa?

# COMO SE
# MANTER SAUDÁVEL

*capítulo 4*

Dê uma olhada no espelho. Você vê uma pessoa saudável, com olhos e pele brilhantes, em forma e atraente, cheia de energia? Se é isso que vê, provavelmente você já está dando duro para alcançar seu potencial físico. No entanto, se a pessoa no espelho não se parece em nada com isso, não se preocupe! Há muitas coisas que você pode fazer para melhorar sua saúde e se sentir melhor tanto mental quanto fisicamente.

Se você já esteve doente, sabe o valor de ter uma boa saúde. Quando não se sente saudável, todos os aspectos de sua vida acabam sofrendo. Você se torna incapaz de utilizar seus potenciais emocionais, intelectuais e sociais. Tudo acaba sendo atingido – não apenas o corpo.

> A felicidade está, em primeiro lugar, na saúde.
>
> GEORGE WILLIAM CURTIS

O que é preciso fazer para se sentir saudável e cheio de energia? Neste capítulo, você aprenderá a importância de manter uma dieta balanceada para prevenir doenças e garantir uma boa saúde. Aprenderá também como avaliar em si mesmo os benefícios de diferentes tipos de exercício, padrões de sono e o modo como gasta sua energia. Ainda neste capítulo, veremos os efeitos causados pelo uso de drogas no corpo e na mente.

# Nutrientes

Os alimentos nos fornecem nutrientes, substâncias que o corpo utiliza para o crescimento, a manutenção e cicatrização, além de obtenção de energia. Dietas com excesso ou falta de nutrientes podem ser prejudiciais à saúde. Além disso, os nutrientes dos alimentos influenciam a mente, o humor e o nível de energia.

Os principais tipos de nutrientes são proteínas, carboidratos, gorduras, água, vitaminas e minerais. A Tabela 4.1 apresenta os principais nutrientes, suas funções e os alimentos em que podem ser encontrados. O segredo para garantir a ingestão de todos os nutrientes necessários é comer uma grande variedade de alimentos saudáveis.

## Proteínas

As proteínas são substâncias químicas que fazem parte das células do corpo. Têm muitas funções, como o crescimento, a manutenção e a cicatrização dos tecidos. Alimentos como carne vermelha, peixe, frango, ovos, laticínios, castanhas e tofu são fontes de proteína. Além disso, o feijão também pode ser fonte de proteínas se consumido com grãos.

## Carboidratos

Açúcar, xarope de milho e outros tipos de doce são carboidratos simples. O amido e os grãos são carboidratos complexos e contêm fibras alimentares que auxiliam na digestão. Em geral, quanto mais processados são os carboidratos complexos de um alimento, menos fibras eles contêm.

## Gorduras

As gorduras fornecem isolamento térmico e um estoque concentrado de energia para o corpo, além de dissolver certos tipos de vitaminas. Há dois tipos principais de gorduras:

1. As gorduras saturadas são aquelas que ficam sólidas em temperatura ambiente. São encontradas nas carnes, nos laticínios e nos óleos de palma e coco. Fazem que o próprio corpo aumente a produção de colesterol.
2. As gorduras insaturadas são as que permanecem líquidas em temperatura ambiente. As poli-insaturadas são encontradas nos óleos de milho, açafrão e soja. Já as gorduras monoinsaturadas estão presentes no amendoim e no azeite de oliva.

Além disso, o colesterol, um ácido graxo, é encontrado em produtos de origem animal, como carne, queijo, ostras e ovos.

## TABELA 4.1 NUTRIENTES E SUAS FONTES

| Nutrientes | Principais funções | Principais fontes |
|---|---|---|
| Proteínas | Crescimento, manutenção do tecido, enzimas e hormônios para regular os processos corporais. | Carne vermelha, peixe, frango, feijão, ovos, castanhas, laticínios e tofu. |
| Carboidratos | Fontes primárias de energia. | Pão, cereal, arroz, massas e outros produtos feitos de grãos, frutas, vegetais, batatas e doces. |
| Fibras alimentares | Componente não digerível que auxilia na digestão. | Cevada crua, bulgur, feijão, ameixas, ervilhas, lentilhas, farinha integral e farelo de aveia. Também presente em outros grãos, frutas e vegetais. |
| Gorduras | Estoque concentrado de energia e isolamento térmico. Dissolvem certas vitaminas. | Carnes vermelhas, peixe, frango e laticínios; óleos, gordura animal, margarina e frituras. |
| Água | Presente em todas as células. Transporta nutrientes e resíduos, participa de diversas reações químicas, suaviza e regula a temperatura corporal. | Todas as bebidas. Também presente até certo ponto em todos os alimentos. |
| Vitamina A | Contribui para o crescimento e ajuda a manter a saúde da pele, dos ossos e dentes e uma boa visão. | Carne vermelha, gema de ovo, laticínios, vegetais folhosos de cor verde-escura e amarela. |
| Tiamina (Vitamina $B_1$) | Auxilia na transformação de carboidratos em energia. | Produtos integrais, pães e cereais enriquecidos, carne, frango, peixe, feijão, castanhas e gema de ovo. |
| Riboflavina (Vitamina $B_2$) | Contribui para a transformação das proteínas, dos carboidratos e da gordura em energia. É importante para a saúde da pele. | Laticínios, carne orgânica, vegetais folhosos verdes, pães e cereais enriquecidos. |
| Niacina (Vitamina $B_3$) | Saúde do sistema nervoso, da pele e digestão. | Frango, carne vermelha, peixe, feijão, castanhas, vegetais folhosos de cor verde-escura, batatas, pães e cereais integrais. |
| Ácido ascórbico (Vitamina C) | Ajuda a manter as células juntas. É importante para a saúde dos dentes, das gengivas e dos vasos sanguíneos. Fundamental para resistência do corpo conra infecções e cicatrização de ferimentos. | Frutas cítricas e seus sucos, tomates, brócolis e vegetais verdes crus. |
| Vitamina D | Necessária para absorção de cálcio e fósforo, para a saúde dos ossos e dentes. | Leite, gema de ovo, fígado, arenque, sardinha, atum, salmão (a exposição direta da pele à luz do sol faz o corpo produzir essa vitamina). |
| Vitamina E | Protege as células contra oxidação (antioxidante). | Óleos vegetais, margarina, gérmen de trigo e castanhas. |
| Cálcio | Necessário para manter a estrutura de ossos e dentes, músculos e nervos saudáveis. | Laticínios, brócolis, nabo, couve-manteiga, couve crespa acelga, ostras, camarão, salmão, mexilhão e tofu. |
| Iodo | Previne contra bócio, necessário para produção da enzima tiroxina. | Sal iodado e pequenas quantidades de frutos do mar. |
| Ferro | Necessário para a saúde do sangue e para a produção de muitas enzimas. | Fígado, carne vermelha, frango, mariscos, gema de ovo, vegetais folhosos, castanhas, cereais e pães de fibras. |
| Potássio | Ajuda a sintetizar proteínas e a equilibrar fluidos. É importante para a saúde de nervos e músculos. | Frutas cítricas, bananas, carne vermelha, peixe e cereais. |
| Sódio (Sal) | Ajuda a manter o equilíbrio de fluidos e a absorção de outros nutrientes. | Sal de cozinha e alimentos processados, especialmente carnes e salgadinhos de pacote. |

**Fonte**: Adaptada do U. S. Department of Agriculture, Home and Garden Bulletin n. 1, 1978, e U. S. Department of Agriculture, Agricultural Research Service 2002, USDA National Nutrient Database for Standard Reference, edição 15. Dados nutricionais da homepage do laboratório: http://www.nal.usda.gov/fnic/foodcomp.

A gordura e o colesterol têm chamado muita atenção nos últimos anos. Estudos relacionaram as dietas ricas em gordura, especialmente gordura saturada e colesterol, com maior risco de doenças cardíacas, acidentes vasculares, alguns tipos de câncer e obesidade. Os nutricionistas vêm alertando os americanos[1] para que reduzam a ingestão de gorduras e colesterol – em outras palavras, para que comam menos carne, queijo e outros alimentos gordurosos – a fim de proteger a saúde.

Há, no entanto, um tipo de gordura que a maioria dos americanos[2] não consome em quantidade suficiente: o ômega-3, um ácido graxo necessário para o funcionamento adequado do cérebro, que pode ser encontrado em peixes como atum, salmão, truta e sardinha. Os peixes também possuem baixa quantidade de gorduras saturadas e insaturadas. Consumir mais peixe e menos carne vermelha resulta em um melhor equilíbrio da quantidade de gorduras na dieta da maioria das pessoas.

## Água

A água é um nutriente de extrema importância. Faz parte de todas as células e é responsável pelo transporte dos nutrientes por todo o corpo, além da remoção dos resíduos. A água suaviza e lubrifica partes do corpo, é essencial em diversas reações químicas e ajuda a regular a temperatura. Está presente na maioria dos alimentos e das bebidas. Os nutricionistas recomendam a ingestão de 2 litros (oito copos) de água por dia.

## Vitaminas e minerais

As proteínas, os carboidratos, as gorduras e a água são os principais nutrientes na maioria dos elementos. No entanto, os alimentos também contêm traços de outros elementos químicos, chamados vitaminas e minerais, essenciais para a vida e para o crescimento. Cada vitamina e mineral possuem uma função específica no corpo.

## Nutrientes e saúde

No início do século XX, os cientistas descobriram que muitas vitaminas e minerais são essenciais para prevenção de doenças. Por exemplo, o raquitismo, doença que afeta o desenvolvimento ósseo de crianças, pode ser prevenido com vitamina D e cálcio, ambos encontrados em leite fortificado. O bócio, caracterizado pelo aumento da glândula tireoide, pode ser evitado com a ingestão de iodo, um mineral presente no sal iodado.

---

[1] Médicos e nutricionistas vêm alertando pessoas do mundo todo sobre as consequências da ingestão de gorduras e colesterol em quantidades excessivas. (N.R.T.)

[2] Também no Brasil, médicos orientam as pessoas a consumirem mais alimentos com ômega-3. (N.R.T.)

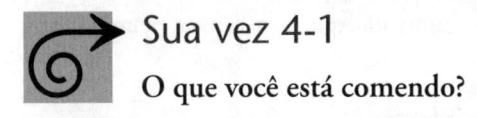

# Sua vez 4-1

## O que você está comendo?

*Objetivo*: Entender como o alimento ingerido é capaz de influenciar sua saúde e seu bem-estar pessoal. Este exercício ajudará a entender a importância de prestar atenção naquilo que come.

Utilize a Tabela 4.2 como modelo para manter o controle sobre o que você come ou bebe por três dias. Seja honesto e analise sua dieta. Utilize as informações da Tabela 4.1 e os quadros de dados nutricionais que avaliam seus hábitos alimentares para responder às seguintes perguntas:

1. Quais alimentos foram sua fonte principal de proteínas?
2. Quais alimentos foram sua fonte principal de carboidratos?
3. Quais alimentos foram sua fonte principal de gorduras?

| TABELA 4.2 DIÁRIO ALIMENTAR DE TRÊS DIAS | | | |
|---|---|---|---|
| Refeição | Dia 1 | Dia 2 | Dia 3 |
| Café da manhã | | | |
| Almoço | | | |
| Jantar | | | |
| Lanches | | | |
| Bebidas | | | |

4. Durante os três dias, você ingeriu alimentos que fornecem as vitaminas e os minerais listados na Tabela 4.1?

   Se não, quais vitaminas e minerais faltaram?

   O que você deveria incluir em sua dieta para garantir que esses elementos não faltem?

5. Que tipos de alimento você gostaria de eliminar? Que tipos de alimentos acha que precisa ingerir mais?

---

A relação entre dieta e saúde nesses tipos de doenças é nítida. Hoje, nutricionistas e cientistas estão estudando os riscos à saúde ou valores nutricionais de outros nutrientes. Como já mencionamos, foi descoberto que a gordura, o colesterol e o sal podem causar pressão alta, doenças do coração e câncer. Embora a gordura, o colesterol e o sal não sejam as únicas causas dessas doenças, os nutricionistas recomendam que as dietas sejam ajustadas com a intenção de reduzir os riscos à saúde. Para a maioria dos americanos[3], uma dieta saudável significa comer mais frutas, vegetais, produtos à base de grãos e peixe, e menos carne, laticínios, doces e petiscos com excesso de sal. Mesmo os jovens, que eventualmente ainda não correm o risco de sofrer de doenças do coração e câncer, devem mudar seus hábitos alimentares para prevenir o desenvolvimento dessas doenças.

## O QUE SIGNIFICA UMA DIETA BALANCEADA?

Os conselhos dos nutricionistas mudaram, já que evoluímos no aprendizado sobre a nutrição e continuamos evoluindo[4]. Porém, discordam sobre o que constitui uma dieta saudável.

Os nutricionistas e cientistas do Departamento de Agricultura e do Departamento de Saúde e Serviços Humanos dos Estados Unidos periodicamente emitem guias nutricionais para os americanos[5]. O modelo básico de dieta possui alta ingestão de carboidratos. O conselho é triplo.

---

[3] Pessoas que buscam uma dieta saudável incluem em suas refeições mais frutas, vegetais, grãos e diminuem a ingestão de carne vermelha. (N.R.T.)

[4] Nossa compreensão sobre uma nutrição saudável tem melhorado. As orientações dos especialistas em nutrição têm mudado e este é um processo contínuo conforme as novas descobertas da ciência. (N.R.T.)

[5] No site do Ministério da Saúde http://nutricao.saude.gov.br/documentos/guia_alimentar_conteudo.pdf você pode ter acesso ao guia alimentar para a população brasileira. (N.R.T.)

1. Concentre-se nos exercícios físicos.

- Mantenha um peso saudável.
- Seja fisicamente ativo todos os dias.

2. Construa uma base saudável.

- Guie suas escolhas alimentares utilizando a pirâmide alimentar (Figura 4.1).
- Escolha uma variedade de grãos diariamente, sobretudo integrais.
- Escolha uma variedade diária de frutas e vegetais.
- Certifique-se de que suas escolhas alimentares sejam seguras.

3. Escolha com sensibilidade.

- Escolha uma dieta que mantenha baixo consumo de gorduras saturadas e colesterol, e uma ingestão moderada de gorduras totais.
- Escolha bebidas e alimentos de forma a moderar a ingestão de açúcares.
- Escolha e prepare alimentos com menos sal.
- Controle a ingestão de bebidas alcoólicas.

Para garantir o consumo saudável e variado de alimentos, pense em sua dieta considerando os cinco grupos alimentares. Outro modo de garantir uma dieta balanceada é utilizar a pirâmide alimentar.

## Cinco grupos alimentares

Os cinco grupos alimentares básicos são grãos, vegetais, frutas, laticínios e carnes.

1. *Grãos*. Pães, cereais, tortilhas, massas integrais e arroz integral são escolhas mais saudáveis que os produtos feitos com grãos comuns, pois contêm carboidratos complexos e fibras alimentares. Os produtos com grãos processados são arroz branco, bolos, *waffles*, cereais açucarados, rosquinhas, tortas e recheios. Eles contêm menos fibras, além de incluírem açúcar, sal e gorduras que os transformam em opções não saudáveis.

> A comida é nossa base comum, uma experiência universal.
>
> JAMES BEARD, CHEF DE COZINHA E AUTOR DE LIVROS DE CULINÁRIA

2. *Vegetais*. A maioria dos vegetais é bom para a saúde e podem ser ingeridos à vontade. No entanto, há exceções, como vegetais enlatados, batatas fritas e picles, que contêm açúcares, sal ou gorduras, tornando-os menos saudáveis.

3. *Frutas*. Frutas frescas são boas para saúde, mas aquelas em conserva geralmente contêm açúcar. As frutas secas possuem mais calorias.

4. *Laticínios*. Leites desnatados, semidesnatados 1% e iogurtes light contêm o mais baixo teor de gordura. Alimentos como *frozen yogurt light* e leite semidesnatados 2% possuem teor moderado de gordura. Os produtos com a mais alta concentração de gordura são à base de leite integral, como creme de leite, queijos e sorvetes. Os mesmos nutrientes dos laticínios podem ser encontrados em outros alimentos, como carne, vegetais folhosos e tofu.

5. *Carne, frango, peixe, ovos, feijão e castanhas*. Nesse grupo, as opções com menos concentração de gordura e sal são a maioria dos peixes, frango sem pele, cortes magros de carne bovina e suína, clara de ovo, além de feijão, ervilha e lentilha. Atum em conserva, frango com pele, a maioria das carnes vermelhas, tofu, pasta de amendoim, castanhas, carnes processadas (frios e salsichas) e ovos com gema possuem alto teor de gordura.

## Pirâmide alimentar

Os cinco grupos básicos dos alimentos fornecem ideias de como variar sua dieta. No entanto, não indicam como alcançar isso de forma moderada. Por essa razão, no início do século XX o Departamento de Agricultura dos Estados Unidos (USDA) criou um modelo de dieta balanceada chamada pirâmide alimentar (Figura 4.1) que mostra as porções diárias de cada grupo de alimentos. Na base, estão os alimentos que podem ser ingeridos em maior quantidade – primeiro, os produtos à base de grãos. À medida que a pirâmide afunila, a quantidade diminui, com gorduras e doces no topo.

# Pirâmide alimentar

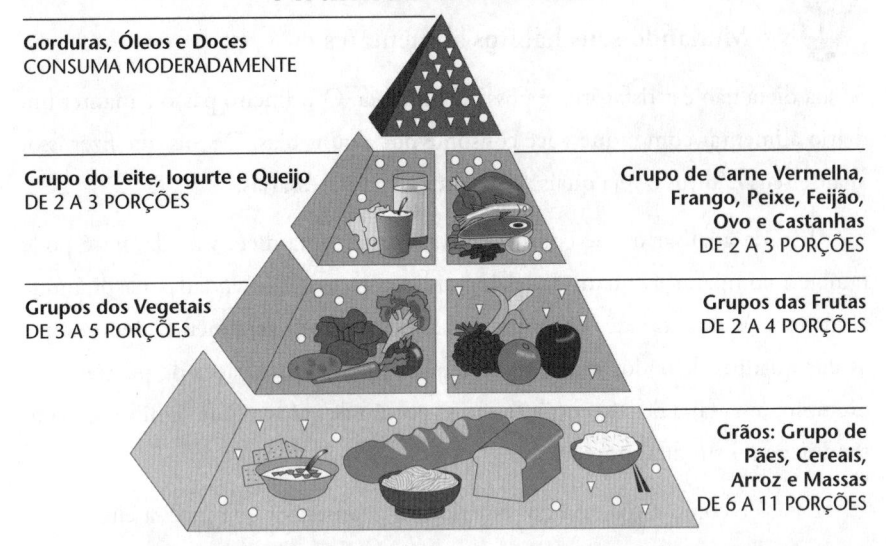

**Gorduras, Óleos e Doces**
CONSUMA MODERADAMENTE

**Grupo do Leite, Iogurte e Queijo**
DE 2 A 3 PORÇÕES

**Grupo de Carne Vermelha, Frango, Peixe, Feijão, Ovo e Castanhas**
DE 2 A 3 PORÇÕES

**Grupos dos Vegetais**
DE 3 A 5 PORÇÕES

**Grupos das Frutas**
DE 2 A 4 PORÇÕES

**Grãos: Grupo de Pães, Cereais, Arroz e Massas**
DE 6 A 11 PORÇÕES

**Figura 4.1** – A pirâmide alimentar do USDA mostra a quantidade certa de cada grupo alimentar que deve ser ingerida. Quanto maior a seção da pirâmide, maior a quantidade de ingestão do alimento ali contido. Observe que essa é uma dieta com alta ingestão de carboidratos. Os grãos ocupam a parte maior da pirâmide em relação aos outros alimentos.

**Fonte**: U. S. Department of Agriculture; U. S. Department of Health and Human Services. *Dietary Guidelines for Americans*, 2000. p. 15.

A quantidade de porções recomendada por pessoa pelo USDA depende da idade, do sexo e da intensidade de atividade física praticada:

- Crianças de 2 a 6 anos, mulheres que não praticam exercícios físicos e idosos precisam de porções mínimas por dia de cada grupo alimentar, cerca de 1.600 calorias no total.

- Crianças maiores, garotas adolescentes, mulheres ativas e a maioria dos homens precisam de porções moderadas diárias, cerca de 2.200 calorias no total.

- Garotos adolescentes e homens ativos precisam de porções máximas por dia, cerca de 2.800 calorias no total.

# Dicas

## Mudando seus hábitos alimentares

Se sua dieta não é satisfatória, é possível mudá-la. O primeiro passo é manter um diário alimentar com o que você consome por alguns dias. Depois que fizer isso, analise seus hábitos e veja quais são as mudanças necessárias.

Além de analisar o que consome para manter uma dieta variada, você pode também comparar as quantidades ingeridas com as recomendadas na pirâmide alimentar. As quantidades encontradas na pirâmide são geralmente menores que as dos quadros de dados nutricionais e que os tamanhos típicos de porções. Por exemplo, uma fatia de pão equivale a uma porção de grãos, o que significa que um sanduíche possui duas porções.

Se você é como a maioria dos americanos[6], constatará que precisa eliminar as gorduras, doces e grãos processados e ingerir mais grãos integrais, frutas e vegetais.

---

Depois de refletir sobre o que você come e sobre a quantidade que come, deve considerar seus hábitos alimentares. Por exemplo, você não toma café da manhã? Isso é ruim, pois ele é o combustível para começar o dia e ajuda a dividir sua alimentação em refeições menores. Estudos mostraram que fazer várias pequenas refeições durante o dia, em vez de apenas uma ou duas, ajuda a prevenir o armazenamento de gordura. Por último, considere seu peso. Se você possui um peso saudável, mudar seus hábitos alimentares pode significar apenas ajustar sua dieta para que tenha um melhor equilíbrio dos alimentos.

---

[6] Aqui no Brasil também há uma ampla discussão sobre o tipo de alimentação e seu impacto no aumento da obesidade da população. (N.R.T.)

## Outras pirâmides alimentares

Quando a pirâmide alimentar surgiu, muitos americanos perguntaram: "Onde se encaixa o que eu como?". Americanos de outra etnia questionaram em que seção se encaixavam tortilhas, canjica, pão de milho, cuscuz, goiaba e outras de suas comidas preferidas. Aqueles que têm intolerância à lactose, isto é, não conseguem processar produtos à base de leite, tiveram dúvidas sobre o que fazer com o grupo dos laticínios. Os vegetarianos, por sua vez, sabiam que seu tipo de dieta não se encaixava na pirâmide.

O Departamento de Agricultura dos Estados Unidos (USDA) considerou esses pontos, mas afirmou que a pirâmide é apenas um guia geral estruturado na dieta à base de carne e laticínios que a maioria dos americanos seguia. Os nutricionistas de todo o país, então, começaram a adaptar a pirâmide à culinária de diferentes etnias e grupos especiais.

- A pirâmide alimentar baseada na dieta da culinária afro-americana adicionou canjica e pão de milho ao grupo dos grãos; feijão fradinho ao grupo das carnes; bucho de porco ao grupo de gorduras, óleos e doces.

- A pirâmide da dieta asiática, baseada na culinária chinesa e em outras culinárias do leste asiático, adicionou painço ao grupo dos grãos e mudou a posição do grupo das carnes para o topo.

- A pirâmide alimentar mexicana adicionou gordura animal e abacate ao grupo de gorduras; óleos, doces, salsa e pimentas ao grupo dos vegetais; tortilhas ao grupo principal.

- A pirâmide da dieta mediterrânea, baseada nas culinárias italiana, espanhola, grega e em outras de origem mediterrânea, adicionou polenta e cuscuz ao grupo dos grãos e deslocou o azeite de oliva do topo para o grupo logo acima das frutas e dos vegetais.

Essas são apenas algumas das pirâmides desenvolvidas desde que o guia foi publicado. Existem outras baseadas nas dietas árabe, chinesa, cubana, indiana, japonesa, ameríndia, portuguesa, russa, espanhola, tailandesa e vegetariana. Mesmo que o USDA não aprove essas pirâmides especiais, há uma página na internet com links para todas elas. Visite o Centro de Informações de Alimentação e Nutrição no website do USDA para analisá-las: http://www.nal.usda.gov/fnic/etext.

**Fontes**: U. S. Department of Agriculture, Food and Nutrition Information Center. Ethnic/cultural and special audience food guide pyramids, disponível em: <http://www.nal.usda./gov/fnic/>, acesso em: 6 fev. 2003; Deam, Jenny. Rebuilding the food pyramid: critics charge USDA's guides fail ethnic test. *Denver Post*, 25 jul. 2000, p. 1E, 8E.

## PESOS SAUDÁVEIS

> Coma para viver, e não viva para comer.
>
> BENJAMIN FRANKLIN, SÉCULO XVIII, ESTADISTA, CIENTISTA E ESCRITOR

Mais da metade dos americanos[7] está acima do peso ou é obesa. Estar acima ou abaixo do peso não é apenas questão de aparência, mas de saúde. Pessoas com sobrepeso correm risco maior de desenvolver pressão alta, doenças cardíacas, acidentes vasculares, tipos de diabetes e de câncer. Já as pessoas abaixo do peso, da mesma forma, correm alto risco de desenvolver problemas de saúde. As mulheres abaixo do peso têm mais chances de desenvolver osteoporose (enfraquecimento dos ossos), e os homens e as mulheres com esse mesmo problema de peso, em média, não vivem tanto quanto as pessoas saudáveis.

## EXERCÍCIO

A vida moderna com carros, escritórios, computadores e TV tende a nos transformar em pessoas sedentárias. Para a maioria de nós, atividades físicas não fazem parte da rotina diária. Para sermos considerados ativos, precisamos tomar a decisão consciente de praticar esportes.

As pessoas que praticam exercícios regularmente têm melhor aparência porque possuem mais músculos do que gordura. São mais fortes e têm mais energia e

---

[7] Dados divulgados pela Pesquisa de Orçamentos Familiares feita pelo Instituto Brasileiro de Geografia e Estatística (IBGE), no site www.ibge.gov.br/home/presidencia/noticias/noticia_impressao.php?id_noticia=278, em parceria com o Ministério da Saúde revelam que 38 milhões de brasileiros estão com excesso de peso, dos quais 10,5 milhões são considerados obesos. (N.R.T.)

flexibilidade. No entanto, talvez o mais importante é que as pessoas em forma se sentem bem consigo mesmas, tanto física como mentalmente.

## Entrando em forma

O que é forma física? O *presidente do Conselho de Aptidão Física e Desportos* sugere que a forma física é a habilidade de realizar as tarefas diárias sem apresentar cansaço e com energia suficiente para aproveitar as atividades de lazer e lidar com emergências que exijam força física. O nível de boa forma é determinado em grande parte por sua rotina diária – trabalho, estudos, atividades físicas e quanto você anda durante o dia. Para melhorar o nível de condição física normal, é preciso adicionar exercícios ou esportes à sua rotina.

Uma pessoa com condição física apropriada possui:

- boa resistência cardiorrespiratória – habilidade de realizar atividades que exigem resistência moderada por um período sem sobrecarregar o coração ou os pulmões;
- boa forma muscular – habilidade de aplicar força com uma simples tentativa;
- boa resistência muscular – habilidade de repetir movimentos ou se manter em uma posição por longo período sem se cansar;
- boa flexibilidade – habilidade de realizar movimentos com a máxima amplitude articular;
- boa composição corporal – proporção de músculos comparada à proporção de gordura corporal.

Os diferentes tipos de atividades físicas melhoram aspectos distintos da boa forma. Em geral, atividades aeróbicas como correr, jogar basquete, tênis e subir escadas são as mais indicadas para melhorar a resistência cardiorrespiratória e a composição corporal. Atividades como ginástica aeróbica, treinamento com pesos, caratê, ioga e alongamento melhoram a força, a resistência e a flexibilidade.

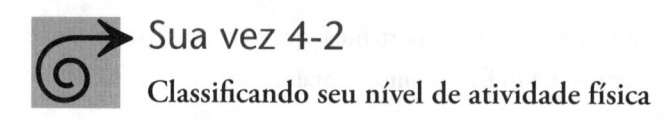

# Sua vez 4-2

## Classificando seu nível de atividade física

*Objetivo*: Você pode analisar seu nível de prática de atividade física classificando a intensidade, a duração e a frequência com que se exercita. Este exercício ajudará a classificar seu nível de condição física.

Circule sua pontuação para cada pergunta.

1. Qual é a intensidade com que você pratica exercícios físicos em uma sessão normal?

|  | Pontuação |
|---|---|
| Não há alteração na pulsação | 0 |
| Pouca alteração na frequência cardíaca (caminhada, boliche, ioga) | 1 |
| Pouco aumento na frequência cardíaca e alteração na respiração (tênis de mesa, golfe) | 2 |
| Aumento moderado na frequência cardíaca e alteração na respiração (caminhada acelerada, dança, natação) | 3 |
| Alteração ocasional da respiração e transpiração (tênis, basquete, *squash*) | 4 |
| Alteração constante da respiração e transpiração (corrida, dança aeróbica) | 5 |

2. Qual é a duração do exercício em uma sessão?

|  | Pontuação |
|---|---|
| Menos de 5 minutos | 0 |
| De 5 a 14 minutos | 1 |
| De 15 a 29 minutos | 2 |
| De 30 a 44 minutos | 3 |
| De 45 a 59 minutos | 4 |
| 1 hora ou mais | 5 |

**3.** Com que frequência você pratica exercícios?

| | Pontuação |
|---|---|
| Menos de uma vez por semana | 0 |
| Uma vez por semana | 1 |
| 2 vezes por semana | 2 |
| 3 vezes por semana | 3 |
| 4 vezes por semana | 4 |
| 5 vezes por semana ou mais | 5 |

**4.** Agora some os pontos de cada questão.

Classifique o nível de atividade física como segue:

| Pontuação | Nível de Atividade |
|---|---|
| Menos de 15 | Sedentário |
| 15-24 | Pouca atividade |
| 25-40 | Atividade moderada |
| 41-60 | Ativo |
| Mais de 60 | Muito ativo |

Se totalizar 41 pontos ou mais, você é ativo o suficiente para fazer uma grande variedade de atividades físicas. Se marcou menos de 41 pontos, você deve fazer uma mudança gradual e cuidadosa em seu programa de boa forma. Qualquer pessoa que esteja começando ou melhorando um programa deve antes consultar o médico.

---

## Aderindo a um programa de exercícios

Muitas pessoas começam um programa de exercícios com as melhores intenções e em alguns meses desistem. Para evitar que isso ocorra, introduza os exercícios em sua rotina, o que pode ser feito de acordo as seguintes instruções:

- Escolha um amigo ou parente e faça um acordo para se exercitarem. Certifique-se de registrar isso.

- Seja específico. Escreva os dias em que irá se exercitar, que exercícios praticará e por quantos meses seguirá essa rotina.

- Inclua prêmios e castigos. Especifique o que fará para ganhar o prêmio e o que resultará em castigo – fazer uma tarefa desagradável, por exemplo.

- Peça apoio à pessoa com quem você fez o acordo. Isso tornará mais difícil pular as sessões ou desistir delas.

## Descanso

Comer bem e praticar exercícios são dois elementos para manter uma boa saúde. Um terceiro elemento essencial é descansar adequadamente. Há mais de 100 anos, Thomas Edison inventou a lâmpada e mudou radicalmente os hábitos noturnos das pessoas. Enquanto nessa época costumava-se dormir à noite porque era impraticável fazer qualquer outra coisa, agora é possível ignorar o ritmo natural do corpo e ficar acordado. Qual é o resultado desse comportamento? Às vezes descansamos menos do que de fato precisamos.

> Aquele que tem saúde e aquele que tem esperança têm tudo.
>
> Provérbio Árabe

> O sono de um homem trabalhador é doce.
>
> Eclesiastes, um Livro da Bíblia

Os cientistas descobriram que nosso corpo funciona de acordo com ritmos circadianos, um relógio interno que marca aproximadamente o ciclo de 24 horas entre dia e noite. As pessoas com atividades irregulares geralmente sentem dificuldade para dormir. Os pilotos de companhias aéreas, por exemplo, que trabalham por logos turnos e cruzam fusos horários costumam sofrer de fadiga. Em geral, as pessoas cujo sono é irregular estão sempre cansadas, são menos eficientes e apresentam comportamento irritadiço.

Para se sentir melhor e funcionar com o máximo de energia, é essencial manter o sono em dia. Se você dorme pouco, considere estas sugestões para melhorar suas noites de sono:

- Siga uma rotina regular para dormir e acordar, mesmo nos finais de semana.

- Pratique exercícios regularmente.

- Não coma nem beba nada que contenha cafeína após o meio-dia. A cafeína, estimulante encontrado em café, chá, chocolate e bebidas à base de coca, pode tirar o sono.

- Antes de dormir, faça algo relaxante. Leia, assista à TV, escute música ou tome um banho quente.

- Evite bebidas alcoólicas antes de ir para a cama. Elas podem ajudá-lo a cair no sono, mas também podem prejudicar a qualidade dele.

- Não se preocupe em não dormir. Caso não consiga adormecer, levante-se e faça algo entediante até se sentir sonolento.

## USO DE DROGAS

Este capítulo apresentou até aqui as práticas que ajudam a manter uma boa saúde, como comer bem, fazer exercícios e descansar, o que certamente contribui para seu bem-estar físico e mental.

> Nunca cochilo após o jantar, mas, quando tenho uma noite ruim, aí o sono me pega.
>
> SAMUEL JOHNSON, ESCRITOR INGLÊS DO SÉCULO XVIII

Infelizmente, muitas pessoas também utilizam drogas, substâncias químicas que causam mudanças físicas, mentais, emocionais ou comportamentais no usuário. Claro que algumas drogas são usadas adequadamente, como os medicamentos receitados por médicos. Outras, porém, como álcool, nicotina e cocaína, são utilizadas indiscriminadamente.

### Nicotina

Cigarros, charutos e outras formas de tabaco contêm nicotina, uma espécie de estimulante, que, assim como a cafeína, aumenta a atividade cerebral e outras funções do corpo, e mantém o usuário sempre acordado. A nicotina estimula o coração e o sistema nervoso, aumenta a pressão sanguínea e faz o coração acelerar.

A expectativa de vida dos fumantes é menor do que a dos não fumantes. Em média, uma mulher fumante vive 14,5 anos a menos do que aquelas que não fumam. Os homens fumantes vivem 13 anos a menos do que aqueles que não fumam. Fumar é a maior causa de mortes por câncer de pulmão, garganta e boca, além de contribuir para o desenvolvimento de problemas respiratórios e doenças cardíacas. De acordo com os Centros de Controle e Prevenção de Doenças dos Estados Unidos[8], cerca de 440.000 americanos morrem de doenças relacionadas ao fumo a cada ano.

---

[8] Pesquisas estimam que o cigarro causa 200 mil mortes por ano no Brasil, de acordo com o site http://www.inca.gov.br/tabagismo/frameset.asp?item=dadosnum&link=brasil.htm. (N.R.T.)

## Álcool

Uma das drogas mais utilizadas nos Estados Unidos[9] é o álcool: quase 8% dos adultos americanos afirmam beber com frequência, e mais de 30% deles admitem beber em festas. O álcool é um tranquilizante, uma droga que diminui a atividade cerebral e aumenta a pressão sanguínea. Grandes quantidades de álcool amortecem as sensações e prejudicam o senso de julgamento, a memória e a coordenação motora, podendo causar desmaios e, às vezes, a morte.

O álcool torna-se um problema quando interfere na vida escolar, profissional ou social das pessoas. O uso intenso está associado a outros problemas: morte e ferimentos causados por motorista alcoolizado, abusos sexuais, sexo inconsequente e não seguro, fracasso na vida acadêmica e vandalismo.

## FAÇA O QUE FOR PRECISO

### Dragon Slayers

Se você se machucar perto de Aniak, no Alasca, não se surpreenda se os atendentes de emergência que vierem em seu socorro forem apenas garotas adolescentes. Em Aniak, vilarejo a 500 quilômetros a oeste de Anchorage, essas adolescentes fazem parte da equipe médica de emergência da comunidade, as Dragon Slayers.

O grupo Dragon Slayers foi formado em 1993, por Pete Brown, chefe dos bombeiros voluntários de Aniak. Brown não tinha nenhum adulto disponível para responder aos chamados de emergência durante o dia, então pediu que sua filha, Mariah, e diversos outros adolescentes o ajudassem. O primeiro grupo Dragon Slayers era composto, em sua maioria, por filhos de bombeiros, na maior parte meninos. Mas, com o tempo, os garotos preferiram caçar e praticar *snowboard* em vez de participar das reuniões de treinamento nas noites de terça-feira. O grupo acabou se tornando apenas de meninas.

---

[9] Estudo promovido pela Secretaria Nacional Antidrogas (SENAD), revelou que em 108 cidades brasileiras com mais de 200 mil habitantes 12,3% das pessoas com idade entre 12 e 65 anos são dependentes de bebidas alcoólicas, de acordo com o site http://portal.saude.gov.br/portal/saude/visualizar_texto.cfm?idtxt=25484. (N.R.T.)

Para juntar-se ao grupo, as adolescentes locais devem estar cursando com bom rendimento o ensino médio. Também precisam completar o treinamento de traumas de emergência, o curso de primeiros socorros da Cruz Vermelha americana e o treinamento de ressuscitação cardiopulmonar (RCP) da Associação Americana do Coração.

As meninas carregam bipes, e, quando estes tocam, os professores sabem que devem deixá-las sair. Alguns chamados vêm de locais próximos; em 2000, elas salvaram a vida do diretor da escola, que é diabético.

Muitos chamados, no entanto, vêm de longe, já que as voluntárias de Aniak atendem a uma área rural do tamanho de Maryland. Viajando em barcos e *snowmobiles*, veículos de quatro rodas, elas respondem a 450 chamados por ano. Já consertaram ossos quebrados, ressuscitaram vítimas de ataques cardíacos, resgataram praticantes de *snowmobile* feridos e também fizeram partos.

Com sua experiência, não surpreende que muitas das primeiras Dragon Slayers estejam seguindo carreiras similares. Mariah Brown alistou-se na Marinha para se tornar uma salva-vidas. Outra ex-Dragon Slayer está fazendo curso de medicina on-line e quer ser médica. Há ainda uma paramédica. Uma das Dragon Slayers ficou em Aniak e tornou-se bombeira voluntária. À medida que as Dragon Slayers cresceram e seguiram suas vidas, outro grupo está continuando seus passos – o Lizard Killers, pré-adolescentes em treinamento técnico em emergência médica.

**Fontes:** Blair, Dina. Snow Angels. WGN TV, 10 nov. 2002, disponível em: <http://wgntv.trb.com/templates/misc/printstory.jsp?slug=wgntv%2D111002 medicalwatch>, acesso em: 14 fev. 2003; Cheakalos, Christina; Stambler, Lyndon. Snow Angels. *People*, 3 jun. 2002; Wolffe, Danielle. Young women meet emergency services need in Aniak. *Kenai Peninsula Online*, 30 set. 2001, disponível em: <http://peninsulaclarion.com/stories/093001/ala_093001ala0140001. shtml>, acesso em: 16 jan. 2003.

## Outras drogas

Quando se ingerem drogas ilegais, a exposição aos riscos aumenta: 1. não é possível saber exatamente o que está sendo adquirido nas ruas, 2. a pessoa pode ser presa por posse de substâncias ilegais e 3. os efeitos de longo prazo de algumas drogas ainda são desconhecidos. Algumas das drogas mais utilizadas serão discutidas resumidamente aqui.

### Maconha

A maconha desacelera o pensamento e o tempo de reação, distorce as percepções e perturba o equilíbrio e a coordenação motora. Ela causa sensação de suave prazer. Como o álcool, essa droga ocasiona muitos efeitos negativos: prejudica a coordenação motora e o tempo de reação, funções necessárias para dirigir veículos ou operar máquinas; interfere no processo de reter memórias, efeito que continua mesmo depois de fumar; e compromete a capacidade de aprendizado.

### Anfetaminas

As anfetaminas, conhecidas popularmente em inglês como *uppers* ou *speed*, são substâncias estimulantes que mantêm as pessoas acordadas e com energia para realizar tarefas. Podem causar perda de peso, subnutrição, dores e desmaios. O uso excessivo acarreta propensão à violência e agressividade.

### Barbituratos e Benzodiazepinas

Barbituratos e benzodiazepinas (tranquilizantes, sedativos, pílulas para dormir, Valium) são sedativos. Reduzem a atividade dos sistemas nervoso e cardiovascular, fazendo que as pessoas se acalmem e fiquem relaxadas e sonolentas. Diferentes tipos de barbituratos e benzodiazepinas criam diversos níveis de dependência física e psicológica. Dependentes que param de utilizá-los têm tremores, náuseas, câimbras e vômitos.

### Drogas da noite

A expressão "drogas da noite" refere-se à ampla variedade de drogas utilizadas em festas, danceterias, *raves* e bares. As mais comuns são MDMA (*ecstasy*, pílula do amor), GHB (G, *ecstasy* líquido), Rohypnol ("Boa noite, Cinderela"), quetamina (K, Special K, vitamina K) e metanfetamina (cristal, pó de giz, *ice*, *meth*). Essas drogas apresentam uma variedade de efeitos que estão resumidos na Tabela 4.3. As "drogas da noite" são ainda mais perigosas quando combinadas com álcool.

Algumas "drogas da noite" são incolores, inodoras e insípidas. Podem ser facilmente misturadas na bebida para intoxicar ou sedar. Nos últimos anos, houve relatos de casos em que as "drogas da noite" foram utilizadas para cometer abusos sexuais.

## Cocaína

A cocaína é um estimulante que atua no cérebro produzindo breve sensação de felicidade e euforia. À medida que começa a perder o efeito, ocorrem sentimentos de pânico, depressão e ansiedade. A cocaína pode ser cheirada, injetada ou fumada. O *crack*, uma forma de cocaína ainda mais poderosa, entra na corrente sanguínea rapidamente e em grandes concentrações. Como é difícil calcular a dose do *crack*, os usuários sofrem *overdose*, convulsões, parada cardíaca, coma e morte.

O uso prolongado de cocaína geralmente leva a distúrbios emocionais, paranoia, medos, nervosismo, insônia e perda de peso. Muitas pessoas se tornam incapazes de atuar normalmente no trabalho ou de conviver com seus familiares. A vida delas restringe-se a conseguir e consumir a droga.

## Esteroides

Esteroides anabolizantes são formas sintéticas do hormônio masculino, testosterona. Como a droga aumenta a habilidade do corpo em transformar proteína em músculos, são populares entre os atletas e quem deseja melhorar sua *performance* e aparência.

Especialistas afirmam que usuários de esteroides enfrentam efeitos colaterais e riscos que não são completamente compreendidos. As mulheres correm o risco de mudar suas características físicas, como diminuição dos seios, crescimento de pelos corporais, perda de cabelo e alterações na voz. Alguns homens sofrem de pressão alta, redução na contagem de esperma e acne. Além disso, os esteroides podem causar dependência, assim como o álcool ou a nicotina.

## Heroína

A heroína é um tranquilizante que provoca sensações de felicidade, segurança e tranquilidade. Causa dependência física, e os usuários precisam consumir quantidades cada vez maiores, uma vez que criam tolerância aos seus efeitos.

Quando os usuários param de consumir a heroína, apresentam sintomas agonizantes, como náusea, tremores, calafrios, vômito e dores. Eliminar a dependência psicológica é ainda mais difícil, pois os dependentes têm baixa autoestima e consomem a droga para escapar da realidade.

| TABELA 4.3 As drogas da noite mais comuns | | | |
|---|---|---|---|
| **Droga** | **Forma** | **Efeitos de curto prazo** | **Efeitos potenciais à saúde** |
| MDMA<br>*Ecstasy*, pílula do amor | Comprimidos ou cápsulas. | • Estimulante: aceleração dos batimentos cardíacos e da pressão sanguínea, sensações de agitação e energia, e efeitos alucinógenos suaves.<br>• Em doses altas, pode provocar aumento da temperatura corporal, desidratação e morte. | Depressão, insônia, ansiedade e problemas de memória e de aprendizado. |
| GHB<br>G, *ecstasy* líquido | • Líquido claro, pó branco, comprimido ou cápsula.<br>• Geralmente, essa droga é fabricada em laboratórios caseiros. | • Tranquilizante: diminuição dos batimentos cardíacos e pressão sanguínea, redução da dor e ansiedade, sensação de relaxamento e bem-estar, e redução da inibição.<br>• Em doses altas, pode provocar sonolência, perda de consciência, coma e morte.<br>• Essa droga está frequentemente relacionada a casos de abuso sexual. | Desconhecido. |
| Quetamina<br>Special K, vitamina K | • Líquido para injeção e pó para cheirar ou fumar.<br>• Droga utilizada legalmente como anestésico, em geral para animais. | • Aceleração dos batimentos cardíacos e da pressão sanguínea, e pouca coordenação motora.<br>• Em doses altas, pode causar delírios, amnésia, depressão, problemas respiratórios e morte. | Perda de memória, entorpecimento, náusea e vômitos. |
| Rohypnol<br>"Boa noite, Cinderela" | • Pílulas.<br>• Droga utilizada legalmente na Europa como sedativo. | • Tranquilizante: diminuição dos batimentos cardíacos e pressão sanguínea, redução da dor e ansiedade, sensação de relaxamento e bem-estar, e redução da inibição.<br>• Distúrbios visuais e digestivos, e retenção de urina.<br>• Essa droga está frequentemente relacionada a casos de abuso sexual. | Perda de memória por um período ainda sob o efeito da droga. |
| Metanfetamina<br>Speed, *ice*, pó de giz, *meth*, cristal | Há muitas formas e pode ser cheirada, injetada ou ingerida. | • Estimulante: aceleração dos batimentos cardíacos e da pressão sanguínea, e sensações de agitação e energia.<br>• Agitação, fala acelerada, diminuição do apetite, agressividade, violência e comportamento psicótico. | Perda de memória e danos ao coração e ao sistema nervoso. |

# Elementos de excelência

Depois de ler este capítulo, você aprendeu:

- como a combinação de saúde, estilo de vida e escolhas nutricionais influencia seu potencial;

- como um estilo de vida ativa pode significar para seu bem-estar físico e emocional;

- como o estresse, o descanso e o sono podem influenciar sua saúde e habilidade de funcionar de forma eficiente;

- as armadilhas do uso e da dependência de drogas e seu impacto sobre a habilidade de funcionar da melhor maneira possível.

## CAMINHO DA INFORMAÇÃO

### *Atualize-se*

Há muitos sites e grupos de discussão sobre assuntos de saúde:

- No Centro de Informações sobre Alimentação e Nutrição do site do Departamento de Agricultura dos Estados Unidos (USDA), o governo recomenda manter uma alimentação saudável. Você pode baixar diversas publicações, inclusive o Guia Alimentar para os americanos, que inclui a pirâmide alimentar. Há também links para outras fontes de alimentação e nutrição: http://www.nal.usda.gov.

- A American Dietetic Association fornece informações sobre alimentação e nutrição, além de links para outros sites sobre nutrição: http://www.eatright.org.

- O presidente do Conselho de Aptidão Física e Desportos fornece informações e conselhos sobre exercícios, controle de peso e boa forma para idosos e pessoas com necessidades especiais: http://www.fitness.gov.

- A Substance Abuse and Mental Health Services Administration, uma parte do Departamento de Saúde e Serviços Humanos, fornece informações sobre tratamento e prevenção de vários tipos de dependência química: http://www.samhsa.gov.

- O HealthScout Network é um site comercial sobre a saúde do consumidor com ferramentas personalizadas de gerenciamento de saúde. Isso inclui alertas de saúde, *newsletters, minicheckups* e páginas sobre a saúde familiar: http://www.healthscout.com.[10]
  Além disso, você pode utilizar uma ferramenta de busca para encontrar informações sobre nutrição, pirâmide alimentar, guias alimentares, índice de massa corporal, tipos específicos de exercícios e esportes, sono, álcool, tabaco e outras drogas específicas, além de diversas questões sobre saúde.

## DIÁRIO

Responda às seguintes perguntas em seu diário.

1. O que a comida representa para você e sua família? Quais alimentos refletem a personalidade de sua família?

2. Quais mudanças planeja fazer em sua dieta depois de ler este capítulo?

3. De que esporte ou tipo de exercício você mais gosta? Quais são os benefícios que obtém com essa atividade?

4. Descreva alguém que você conhece que seja dependente de drogas. Que problemas essa pessoa e aqueles que convivem com ela enfrentam por causa das drogas? Que tipo de abordagem poderia ajudar essa pessoa a se livrar delas?

5. O que você entende por saúde e forma ideais?

---

[10] www.saude.gov.br/psf/index.htm. Na seção Alimentos e Nutrição, subseção Alimentação Saudável há a Tabela Brasileira de Composição dos Alimentos, calcule seu IMC, seu gasto calórico, verifique como está sua alimentação, entre outros. (N.R.T.)

# COMO SE COMUNICAR DE FORMA EFICAZ

*capítulo 5*

Aos seis meses, um bebê chora, sorri, faz caretas e balança braços e pernas para se comunicar. Embora pessoas estranhas possam não saber o que ele está querendo dizer, os pais provavelmente sabem. Aos 18 meses, consegue balbuciar algumas palavras e mudar o tom de voz para mostrar alterações de humor. Ainda assim, quem não o conhece bem não consegue entender o que está tentando dizer. Geralmente, o resultado é a frustração, pois o bebê não pode se aproximar das pessoas respondendo adequadamente. Conforme cresce, adquire mais habilidades comunicativas. As crianças falam, ouvem, escrevem e leem, e a qualidade da comunicação é então aperfeiçoada. Assim, à medida que amadurecem e se tornam adultas, a capacidade de comunicação melhora ainda mais, adquirem a habilidade de conviver com outras pessoas e melhoram o senso de bem-estar.

Apesar de a maioria de nós não dar o valor adequado à comunicação, não podemos subestimar sua importância. Uma boa comunicação é a base de nosso potencial social. Sem ela, todos nós viveríamos vidas tristes em isolamento. Não é por acaso que o confinamento solitário seja um dos piores castigos. Precisamos dos outros e nossa ligação com eles é construída pela comunicação. Neste capítulo exploraremos essa importante relação.

# O QUE É COMUNICAÇÃO?

Comunicação é uma troca de mensagens. Podem ser mensagens verbais, com palavras escritas ou faladas, ou não verbais, por meio de símbolos, gestos, expressões e linguagem corporal. Para que a comunicação aconteça, é necessário que exista um emissor, a pessoa que transmite a mensagem. É necessário também que haja um receptor, a pessoa que a recebe. A comunicação eficaz ocorre quando o emissor e o receptor entendem a mensagem da mesma forma (Figura 5.1).

## Comunicação unidirecional e bidirecional

Há dois padrões básicos para o processo de comunicação: unidirecional e bidirecional.

Na comunicação unidirecional, o emissor transmite uma mensagem, o receptor a recebe e o processo está completo. Quando uma empresa envia um catálogo que você lê e, em seguida, joga fora, aconteceu uma comunicação unidirecional. Outro exemplo de comunicação unidirecional ocorre quando seu instrutor lhe passa a próxima tarefa, você a anota e deixa a sala de aula.

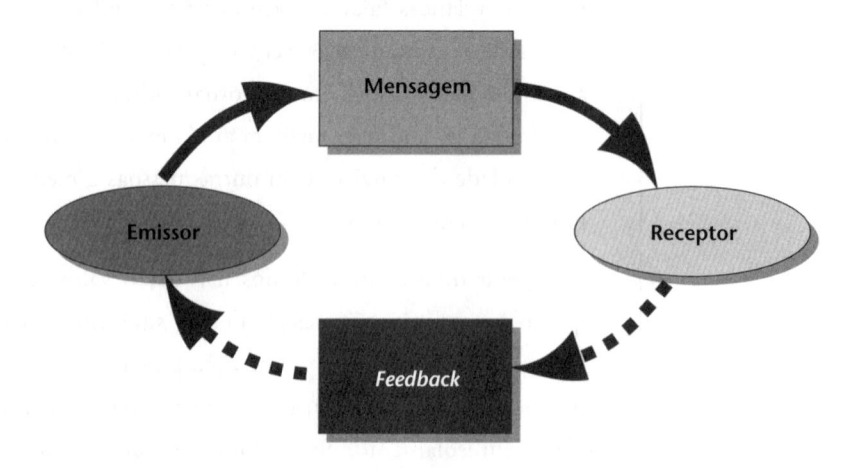

**Figura 5.1** – Processo de comunicação: o emissor transmite uma mensagem, o receptor recebe e emite outra mensagem – o *feedback* – ao emissor e o processo reinicia.

Na comunicação bidirecional, o emissor transmite uma mensagem, o receptor a recebe e ele mesmo responde com outra mensagem. O emissor troca de papel com o receptor, fornecendo outro *feedback*. Como exemplos de comunicações bidirecionais, podemos citar as conversas e as trocas de correspondências.

A comunicação unidirecional tem a vantagem de ser rápida. Além disso, mantém a autoridade do interlocutor, uma vez que nenhum *feedback* – positivo ou negativo – é esperado pelo ouvinte. A comunicação unidirecional nas Forças Armadas, por exemplo, é utilizada para transmitir ordens e manter a autoridade da patente. Ela é, no entanto, bem menos eficaz do que a comunicação bidirecional. Na unidirecional, o emissor não tem como determinar se o receptor recebeu a mensagem correta, pois não há *feedback*. A comunicação bidirecional, por sua vez, possibilita que ambas as partes corrijam seus erros e suas interpretações.

Ambos os padrões de comunicação podem acontecer em muitas situações e entre diferentes tipos de emissores e receptores. Podem ocorrem entre duas pessoas, entre uma pessoa e um grupo pequeno, entre uma pessoa e um grupo grande e até mesmo entre grupos. A Tabela 5.1 mostra exemplos da comunicação unidirecional e da bidirecional entre dois diferentes tipos de emissores e receptores.

## Comunicação não verbal

A maioria das pessoas acredita que as palavras são os principais meios de comunicação. É importante ser claro, conciso e educado na escolha das palavras. No entanto, estudos de comunicação frente a frente mostraram que 80% a 90% do impacto de uma mensagem é causado por elementos não verbais – expressões faciais, linguagem corporal e tom de voz. A comunicação não verbal pode revelar muito mais do conteúdo de uma mensagem do que as próprias palavras, pois o interlocutor geralmente tem mais controle sobre a escolha dessas palavras do que sobre suas expressões faciais, contato visual, linguagem do corpo e tom de voz. A frase "Não foi o que ele disse, mas a forma como disse" confirma isso. As palavras podem expressar uma coisa enquanto o corpo passa outra mensagem.

> O rosto [é] o indicador de uma mente sensível.
>
> George Crabbe, Poeta Inglês dos Séculos XVIII e XIX

A comunicação não verbal varia de cultura para cultura, conforme descrito na seção "Casos e Fatos". Os Estados Unidos[1] possuem uma sociedade multicultural, por isso é importante que as pessoas sejam sensíveis às diferenças culturais na comunicação. Às vezes, é necessário mudar o modo de interagir com os outros com base na percepção das diferenças culturais da comunicação não verbal.

| TABELA 5.1 EXEMPLOS DA COMUNICAÇÃO UNIDIRECIONAL E DA BIDIRECIONAL | | |
|---|---|---|
| **Emissor e receptor** | **Comunicação unidirecional** | **Comunicação bidirecional** |
| Dois indivíduos | O chefe dita o conteúdo de uma carta a seu assistente. | O chefe e seu assistente discutem um problema corporativo. |
| Um indivíduo e um grupo pequeno | O professor envia uma mensagem de mudança de endereço de e-mail a todos os seus contatos. | O professor lidera uma discussão em uma sala de aula com poucos alunos. |
| Um indivíduo e um grupo grande | O presidente dos Estados Unidos entrega o endereço do Estado da União a todos os cidadãos americanos (e ao mundo). | O presidente dos Estados Unidos participará de uma conferência pública com jornalistas. |
| Um grupo e um indivíduo | A Secretaria da Fazenda envia um cheque de restituição para um contribuinte. | A Secretaria da Fazenda notifica um contribuinte da necessidade de responder sobre uma renda não declarada. |
| Dois grupos | Um grupo de alunos coloca pôsteres em todo o *campus* divulgando um show de rock. | Um grupo de alunos negocia um acordo com um grupo de rock para que apresente um show no *campus*. |

## Expressões faciais

Sorrir, franzir a testa e levantar as sobrancelhas são apenas alguns entre milhares de movimentos que o rosto é capaz de realizar. Esses movimentos comunicam sentimentos. Pesquisadores descobriram que os significados de muitas expressões faciais são universais. Franzir a testa significa a mesma coisa em Detroit e Bombaim[2], já a intensidade e frequência das expressões variam de cultura para cultura.

---

[1] O Brasil também é um país multicultural, fator que pode interferir no processo de comunicação. (N.R.T.)

[2] Entre nós brasileiros, franzir a testa, dependendo do contexto da comunicação, significa sentimentos como nervosismo, ansiedade entre outros. (N.R.T.)

# Armadilhas

## Percepção equivocada da comunicação não verbal

A maioria das pessoas consegue julgar os sentimentos do interlocutor com base nas expressões deste. Sentimentos como tristeza, raiva, hostilidade, agitação e felicidade são facilmente transmitidos pelas expressões. É mais difícil, porém, julgar o caráter de alguém analisando somente a expressão facial. Muitos consideram, por exemplo, que alguém que concorde inclinando a cabeça e sorria com frequência é simpático e agradável, mas os estudos mostraram que não há relação entre as duas posturas. Indivíduos de diferentes culturas também têm formas singulares de comunicação não verbal, e geralmente são feitas suposições equivocadas. Certifique-se de "enxergar" cada pessoa como um todo e saiba que cada uma demonstra suas emoções de formas diferentes.

## CASOS E FATOS

### *Gestos: em uma cultura significa "boa sorte" e em outra é um insulto*

Alguns gestos não precisam de palavras para significar algo. Gestos como um cumprimento e um aceno com a cabeça não precisam de palavras para serem entendidos. Cada cultura possui seus próprios gestos utilizados para comunicação. Porém, o mesmo gesto pode ter significados diferentes de uma cultura para outra. Quando isso acontece, as pessoas de culturas diferentes podem se equivocar ou se ofender sem que haja tal intenção.

Na maior parte do mundo, por exemplo, simboliza-se "vitória" com o dedo indicador e o dedo médio formando um V. No entanto, se você fizer esse gesto na Grã-Bretanha, estará insultando alguém (é semelhante ao gesto de mostrar o dedo médio nos Estados Unidos).

O gesto de levantar o dedo polegar significa "positivo" na maior parte da Europa, na América do Norte e no Brasil. Na Grécia e na Turquia, isso é um insulto. Outro gesto considerado insulto é a palma da mão aberta com os dedos estendidos, colocada em direção à pessoa insultada, chamado de moutza. A origem do moutza remonta a 1.500 anos. Naquela época, cidadãos comuns esfregavam as mãos cheias de estrume contra o rosto dos prisioneiros como gesto de punição. Portanto, se você estiver na Grécia ou na Turquia, tome cuidado ao sinalizar "cinco coisas" com a mão esticada.

Outro gesto que pode provocar desentendimento é o símbolo do time de futebol americano Longhorns da Universidade do Texas, que é um touro. Em um jogo de futebol americano universitário, erguer o dedo indicador e o mindinho como se fossem chifres é um sinal de encorajamento e vitória para os Longhorns. O mesmo gesto, porém, na Itália e em outras partes da Europa significa que a pessoa foi traída dentro do relacionamento – um terrível insulto.

Da mesma forma, cruzar os dedos quer dizer sorte nos Estados Unidos, mas em alguns países da Ásia significa que você está fazendo uma oferta sexual.

Então, preste atenção à comunicação não verbal com pessoas de outra cultura, pois para elas alguns gestos podem não ter o mesmo significado que têm para você.

**Fontes**: Marsh, Peter (ed.). *Eye to Eye: How People Interact.* Topsfield, MA: Salem House, 1988. p. 54; Wade, Carole; Tavris, Carol. *Psychology.* 4. ed. Nova York: Harper Collins, 1996. p. 670.

## Contato visual

Os atos de sorrir e franzir a testa têm um significado comum em todo o mundo, diferente do contato visual. Em algumas culturas, olhar para baixo enquanto conversa com alguém é sinal de respeito. No entanto, na cultura americana em geral, uma pessoa que não olha nos olhos da outra durante uma conversa é considerada dissimulada.

O contato visual durante a conversa é importante nos Estados Unidos[3], sendo também utilizado para estabelecer uma comunicação. Se você quiser a ajuda de um dos vendedores em uma loja, por exemplo, precisa tentar estabelecer contato visual com eles. Se você não deseja ser chamado pelo professor durante a aula, evite olhá-lo. Se agir assim, ele provavelmente não notará a sua presença.

---

[3] Também no Brasil é importante o contato visual durante a conversa, pois torna a comunicação mais interativa e efetiva. (N.R.T.)

### Linguagem corporal

Tente falar por dois minutos e ficar com cabeça, braços e pernas completamente parados. Impossível? Provavelmente. Inconscientemente movimentamos o corpo com frequência enquanto falamos. Concordamos com movimentos de cabeça, gesticulamos e mudamos de posição. A linguagem corporal indica uma ampla variedade de emoções desde o tédio (bocejos) até impaciência (tamborilar com os dedos ou mexer os pés) e entusiasmo (gesticular).

> Se a boca se cala, falam as pontas dos dedos; a traição emana deles por todos os poros.
>
> SIGMUND FREUD, FUNDADOR AUSTRÍACO DA PSICANÁLISE

Além de comunicar reações quando movimentam o corpo, as pessoas transmitem mensagens pela distância que mantêm entre elas. Em geral, na cultura americana, casais, familiares ou amigos próximos sentem-se à vontade mantendo a distância de um braço da outra pessoa. Já com conhecidos ou colegas, geralmente as pessoas mantêm de 1 a 3 metros de distância. [4] Além disso, o tom de uma conversa pode ser alterado com o simples gesto de mudar a distância entre as pessoas.

## Dicas
### Cultura e linguagem corporal

O significado da linguagem corporal e a distância mantida variam de uma cultura para outra. Em algumas, os gestos são expansivos e expressivos. Em outras, a linguagem corporal é contida para evitar a demonstração de muita emoção. Cada cultura possui regras convencionadas para a linguagem corporal. Por exemplo, se um estranho vem em sua direção e para a 30 centímetros de distância, você se sentirá ameaçado. Isso acontece porque um desconhecido invadiu um espaço reservado a pessoas com quem você tem intimidade.

---

### Características da voz

A voz pode ser alta ou suave, ter timbre agudo ou grave, ser rápida ou lenta. O tom pode ser agradável, áspero ou monótono. As características mudam demonstrando se você está interessado, entediado, cansado ou feliz.

---

[4] Os brasileiros são reconhecidos por sua receptividade, proximidade e hospitalidade. (N.R.T.)

Pode ser arriscado generalizar o significado das características da voz. Um nova-iorquino, por exemplo, fala mais rápido do que os habitantes de Atlanta. Em uma conversa, o nova-iorquino pode sentir que o sulista tem raciocínio lento, e este pode entender que aquele está sendo rude.[5] Nenhum dos dois está necessariamente certo. Quando conhecemos bem uma pessoa, conseguimos captar as mudanças significativas em sua voz. Você provavelmente percebeu que alguma coisa estava incomodando um amigo apenas pelo tom de sua voz.

## BARREIRAS À COMUNICAÇÃO

Uma comunicação eficaz implica que o emissor e o receptor tenham entendido a mensagem da mesma forma. O primeiro pré-requisito é que as mensagens, verbais e não verbais, devem ser claras. No entanto, além das mensagens também há fatores que influenciam tanto o emissor quanto o receptor. Cada pessoa traz um conjunto distinto de habilidades, conhecimentos, experiências e sentimentos para o processo de comunicação. Pode ocorrer falha de comunicação em razão de barreiras físicas, mentais ou emocionais por parte dos comunicadores.

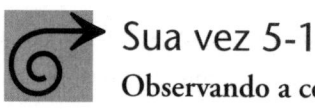

## Sua vez 5-1
### Observando a comunicação não verbal

*Objetivo*: Aqui você encontra uma atividade que irá melhorar sua percepção das mensagens não verbais. Observe uma conversa em um supermercado ou shopping e preste especial atenção na comunicação não verbal. Escreva no espaço a seguir o que observou.

1. Quais foram as expressões faciais que percebeu?
2. As pessoas mantiveram contato visual durante toda a conversa? Se não, quando o contato visual foi interrompido?
3. Quais posturas, movimentos de cabeça e gestos utilizaram?

---

[5] Nas diversas regiões brasileiras percebem-se diferentes sotaques, sonoridades e ritmos durante uma conversa. (N.R.T.)

4. Descreva as vozes.

- Volume
- Timbre
- Velocidade
- Tom

---

Ao se comunicar, você pode se responsabilizar por sua parte do processo. Pode tentar superar as barreiras de comunicação deixando clara a mensagem que está transmitindo. Caso receba uma resposta negativa ou inesperada, examine sua postura em primeiro lugar, a fim de avaliar se a causa disso é sua mensagem. Você deve superar as barreiras de comunicação analisando sua mensagem.

## Barreiras físicas

Qualquer fator perturbador no ambiente físico ou em seu corpo pode impedir que haja uma comunicação plena. Se a sala for barulhenta, você pode não conseguir ouvir ou ser ouvido, isto é, se o ambiente for muito agitado, você pode encontrar problemas para se concentrar. Além disso, o desconforto, esteja você sentado ou de pé, pode se tornar uma barreira de comunicação. Em alguns casos, a perda de audição dificulta o entendimento da mensagem.

## Barreiras mentais

Toda pessoa possui um conjunto único de conhecimentos e experiências que influencia as próprias atitudes. Por exemplo, quando você se comunica, tende a interpretar o que está sendo dito com base em seus conhecimentos e suas experiências de situações anteriores. As pessoas fazem suposições o tempo inteiro e, geralmente, se enganam.

Outro tipo de barreira mental que impede a boa comunicação é a atenção seletiva. As pessoas tendem a se concentrar naquilo que lhes interessa e não prestam muita atenção no resto. Também podem prestar atenção nos fatores positivos e ignorar os desagradáveis. Durante uma avaliação de desempenho, por exemplo, um funcionário pode se lembrar de cada elogio do chefe, ao passo que suas críticas nem chegam a ser mentalmente guardadas!

Há ainda outra barreira, a escolha das palavras. Em alguns casos, a comunicação é prejudicada simplesmente porque um não entende o vocabulário que o outro está utilizando. Quando alguém utiliza palavras técnicas específicas para explicar como uma máquina funciona, um leigo pode não entender. Além do mais, a comunicação pode ser prejudicada quando uma pessoa menospreza a outra, e esta se sente ofendida. Em outros casos, as palavras usadas podem ter uma forte carga emocional. Discussões sobre política, por exemplo, geralmente não levam a lugar nenhum, porque fazemos associações emotivas[6] com palavras como *conservador, liberal, esquerda, direita, republicano* e *democrata* (no caso da política americana).

## Barreiras emocionais

Os sentimentos e as emoções também podem criar barreiras de comunicação. Estresse, medo, raiva e amor podem prejudicar uma comunicação eficaz. Uma pessoa preocupada com alguma coisa encontra dificuldade em manter a concentração durante uma reunião.

Sentimentos e atitudes retidos por muito tempo também podem ocasionar problemas de comunicação. O preconceito, uma atitude negativa contra quem faz parte de determinado grupo, é uma barreira de comunicação. Ele impede que a comunicação ocorra de modo satisfatório porque os indivíduos distorcem as mensagens enviadas e recebidas.

## Falta de afinidade

As barreiras físicas, mentais e emocionais de comunicação também estabelecem uma divisão entre os comunicadores. Essencialmente, há falta de afinidade ou harmonia entre as pessoas que tentam se comunicar. Essa situação é tão comum que há diversas expressões para descrevê-la: "Não parece que estão falando a mesma língua", "Eles estão fora de sintonia", "Não há química entre eles" e "Eles parecem estar em lados opostos".

---

[6] Aqui no Brasil é comum mencionarmos a frase "Futebol, religião e política não se discutem", pois possuem uma grande carga emocional e representam fortes barreiras na comunicação. (N.R.T.)

Sem a afinidade, as pessoas que tentam estabelecer uma comunicação encontram algumas dificuldades. Desentendimentos, mágoa e erros são algumas das consequências. Como você pode desenvolver afinidade e se comunicar de forma eficaz? Tentaremos responder a essa pergunta no decorrer deste capítulo.

## ESTILOS DE COMUNICAÇÃO

O segredo para manter uma comunicação eficaz é a consciência – de você mesmo, mas especialmente das pessoas com quem se comunica. Você deve conhecer os sentimentos, as necessidades e as individualidades das pessoas que o cercam. Assim que adquirir sensibilidade com relação aos outros, perceberá que as reações serão mais positivas. Naturalmente, tanto as pessoas quanto o processo de comunicação são extremamente complexos. Nenhuma pessoa ou situação de comunicação é igual à outra.

O trabalho de David Merrill e Roger Reid sugere que costumamos mostrar duas principais formas de comportamento ao nos comunicarmos: responsividade e assertividade. A responsividade é o grau em que somos fechados ou abertos em nossas relações interpessoais. Quem possui baixo grau de responsividade esconde as emoções e é muito fechado. Por sua vez, indivíduos com alto grau de responsividade demonstram as emoções e se mostram amigáveis. Reid, filósofo escocês, define a assertividade como um comportamento que varia desde fazer perguntas (baixa assertividade) até contar aos outros o que espera deles (alta assertividade).

## CASOS E FATOS

### Etiqueta de comunicação via e-mail

No passado, era comum escrever cartas, telefonar ou elaborar um memorando. Hoje, as pessoas estão mais propensas a se comunicar com os amigos, familiares e colegas de trabalho por e-mail. O e-mail é uma forma tão rápida e conveniente de comunicação que geralmente enviamos mensagens sem muitas considerações ou cuidados. O resultado pode ser uma comunicação ineficaz ou, ainda pior, uma falha de comunicação.

## Escrevendo um e-mail

Veja algumas dicas de como escrever e-mails com mensagens eficientes:

- Insira um assunto informativo. Dessa forma, o destinatário pode identificar facilmente o tópico de sua mensagem.

- Inicie o texto com uma saudação (Caro Sr. Moreira ou Olá, mamãe), da mesma forma que faria em uma carta convencional.

- A mensagem deve ser breve e direta. As pessoas não gostam muito de ler no computador.

- Não escreva nada que não gostaria que o mundo inteiro soubesse, pois e-mails não são particulares. Seu destinatário pode decidir encaminhar a mensagem para um grande número de pessoas. Além disso, muitas empresas costumam analisar e guardar os e-mails dos funcionários, sejam particulares ou profissionais.

- NÃO USE LETRAS MAIÚSCULAS PORQUE ESSE RECURSO DIFICULTA A LEITURA E É VISTO COMO FALTA DE EDUCAÇÃO. EQUIVALE A GRITAR.

- Nunca escreva mensagens agressivas e evite escrever quando estiver nervoso. Espere até se acalmar para enviar qualquer mensagem.

- É educado escrever seu nome ao final do texto. Para facilitar, crie assinaturas que possam ser inseridas automaticamente.

- Verifique e revise o texto de sua mensagem.

## Envio de e-mails

Quando a mensagem estiver pronta e revisada, pense sobre as opções de transmissão antes de clicar em qualquer botão.

- Envie cópias da mensagem apenas para as pessoas necessárias. (A abreviação CC significa *carbon copy* (cópia), referindo-se ao processo utilizado na época das máquinas de escrever.)

- Utilize cópias ocultas (CCo) quando enviar mensagem a um grupo de pessoas. Dessa forma, os endereços de e-mail não serão visualizados por estranhos. Com as cópias ocultas, os destinatários veem apenas o próprio endereço e o do remetente.

- Não envie *spams* – mensagens impessoais para grandes grupos de pessoas.

## Usando os *smiles*

Quando você conversa pessoalmente com alguém, é possível perceber as expressões faciais e os gestos dele. Isso enriquece a mensagem feita com palavras. Os usuários de e-mails adotaram um grupo de símbolos que acrescenta efeitos visuais às mensagens escritas. Denominados *smiles*, geralmente aparecem no final de uma frase e fazem referência ao que foi tratado nela.

Apresentamos a seguir alguns dos *smiles* mais comuns e seus significados.

| | |
|---|---|
| :) | Sorriso; felicidade |
| ;-) | Piscadinha; leve sarcasmo |
| :-\| | Indiferença |
| :-> | Sorriso irônico; comentário sarcástico |
| :-D | Espanto ou surpresa |
| :-/ | Perplexidade; confusão |
| :-( | Sobrancelhas franzidas; raiva ou desaprovação |
| :-e | Desapontamento |

Note que os *smiles* são utilizados apenas em e-mails particulares. Não são considerados adequados para e-mails profissionais.

**Fontes**: Girard, Suzy. Was it something I typed? *Success*, p. 42, fev./mar. 2001; E-mail etiquette, disponível em: <http://www.learnthenet.com/english/html/65mailet.htm>, acesso em: 27 fev. 2003; E-mail etiquette, disponível em: <http://www.iwillfollow.com/emailetiquette.html>, acesso em: 27 fev. 2003.

# Elizabeth Vargas

A única constante na infância de Elizabeth Vargas foi sua família. Seu pai, que fez parte do Exército, deslocava a família para bases no mundo todo. Elizabeth nasceu em Paterson, Nova Jersey. Quando terminou o ensino médio em Stuttgart, na Alemanha, já havia morado em Heidelberg, Bruxelas, Okinawa, Kansas e São Francisco.

Essa vida de mudanças preparou Vargas para sua carreira de jornalista – pronta para viajar a qualquer momento para onde a notícia estivesse. Estudou jornalismo na Universidade de Missouri e conseguiu seu primeiro emprego lá mesmo, na KOMU-TV. Durante muitos anos, trabalhou como repórter em diversas emissoras locais de TV. Vargas se lembra de que no início de sua carreira na TV recebia cartas sugerindo que voltasse para o México. Ficou muito surpresa com isso, não apenas pela grosseria, mas também porque sua família era de Porto Rico.

Em 1993 deu um grande passo – deixou as comunicações locais para transmitir notícias internacionais pela NBC News. Na época, era uma das poucas jornalistas de origem latina a aparecer em noticiários nos Estados Unidos. Atualmente, trabalha no programa de jornalismo *20/20* da ABC. Segundo Elizabeth, como não havia modelos latinos para seguir, concentrou-se em ser uma boa jornalista, em vez de se preocupar em ser latina. Seu conselho para os aspirantes a jornalistas é "ler, ler, ler". O interessante, considerando sua carreira, é que ela cresceu em uma casa onde não havia TV.

**Fonte**: Brecher, Elinor J. Elizabeth Vargas: tuning in at the top. *Hispanic*, p. 24-5, jun. 2002; Llosa, Luis Fernando. Elizabeth's reign. *Latina Magazine*, fev. 1999, disponível em <http://www.latina.com/new/magazine/books/99/feb/triunfos.html>, acesso em: 6 mar. 2003; Elizabeth Vargas, disponível em: <http://www.abcnews.com>, acesso em: 6 mar. 2003.

Os dois comportamentos de comunicação podem ser comparados em um diagrama, conforme mostra a Figura 5.2. É possível verificar que, quando se cruzam os comportamentos de responsividade e assertividade, e forma-se um eixo, o resultado é uma grade com quatro quadrantes. Ao traçar os graus de responsividade e assertividade de uma pessoa, a intersecção das duas linhas coincide com um dos quadrantes. Cada um representa um estilo de comunicação: passivo, agressivo, manipulador e assertivo.

## Estilo passivo

As pessoas com estilo passivo de comunicação tendem a ser reservadas em sua interação com os outros. O autocontrole é extremamente importante para elas, e não revelam muito sobre si mesmas. Em vez disso, desviam a atenção fazendo perguntas à outra pessoa.

## Estilo agressivo

Como as de estilo passivo, as pessoas com estilo agressivo de comunicação são autocontroladas e reservadas, no entanto expressam claramente suas expectativas.

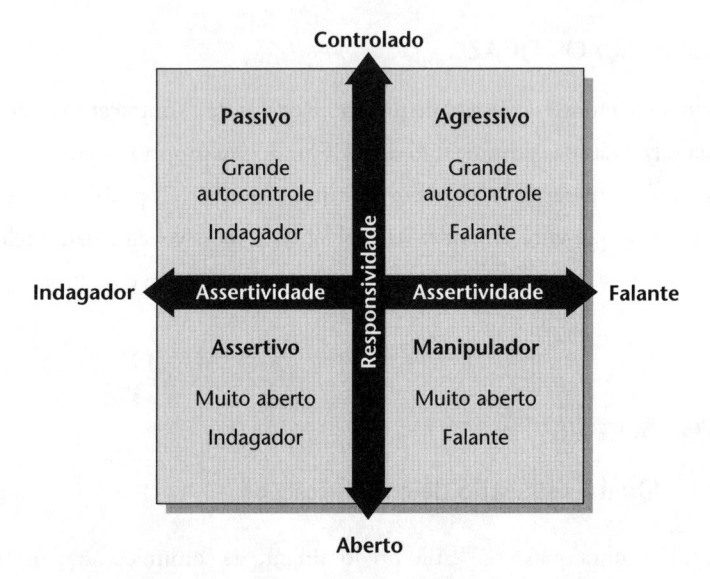

**Figura 5.2** – O estilo de comunicação pode ser caracterizado pela assertividade e responsividade demonstradas. Organizando essas características em uma grade, é possível determinar o estilo de comunicação de um indivíduo.

### Estilo manipulador

Pessoas com comportamento manipulador de comunicação tendem a ser extrovertidas e afetuosas. São assertivas e se expressam energicamente.

### Estilo assertivo

O estilo assertivo de comunicação caracteriza pessoas animadas e amigáveis em suas interações. Elas preocupam-se mais com os outros do que consigo mesmas. Costumam fazer perguntas que eventualmente podem ser de caráter pessoal.

### Entendendo os estilos de comunicação

Vez ou outra, todos nós já usamos aspectos de cada estilo de comunicação. Por exemplo, quando você se comunica com um amigo próximo, pode ser muito aberto e pessoal (assertivo). Porém, ao se comunicar com seu chefe, mostra-se extremamente controlado e reservado (passivo). Em geral, com o tempo, tendemos a demonstrar um dos estilos na maior parte de nossas relações interpessoais.

## COMUNICAÇÃO EFICAZ

Você pode utilizar esses conhecimentos sobre estilos de comunicação para melhorar a qualidade da sua comunicação. Identificando seu próprio estilo e o da pessoa com quem está interagindo, também identificará potenciais problemas de comunicação. Assim que você entender os problemas, é possível agir para melhorar o relacionamento e, consequentemente, sua comunicação com os outros.

 ## Sua vez 5-2

### Qual é seu estilo de comunicação?

*Objetivo*: Descubra qual é seu estilo predominante de comunicação considerando cada uma das características que se aplicam à sua personalidade. A coluna que tiver mais características consideradas representa seu estilo predominante.

| Passivo | Agressivo |
|---|---|
| Quieto, tom de voz estável | Discurso objetivo |
| Mantém-se distante | Aproxima-se e encara a pessoa |
| Pouco contato visual | Poucas expressões faciais |
| Postura tensa | Poucos movimentos corporais |
| Vocabulário elaborado | Discurso acelerado |
| **Assertivo** | **Manipulador** |
| Pouca ênfase aos detalhes | Tom de voz alto e dramático |
| Toca nas pessoas ao falar | Expressões faciais animadas |
| Sorri, acena com a cabeça | Contato visual direto |
| Postura descontraída | Movimenta bastante as mãos e o corpo |
| Fala sobre relacionamentos | Utiliza o tom de voz para enfatizar certos pontos |

## Identificando os problemas de comunicação

Agora que já identificou seu estilo de comunicação predominante no exercício anterior, é possível também identificar o estilo dos outros, observando e ouvindo. Ao perceber tais aspectos do comportamento das outras pessoas, você pode utilizar o quadro de estilos de comunicação para definir o estilo predominante nelas.

Se alguém demonstra de quatro a cinco das características de um determinado estilo, apresenta uma alta preferência por ele. Duas a três características revelam uma preferência moderada. Uma característica não é suficiente para determinar um estilo.

## Melhorando os relacionamentos

Como podemos melhorar a qualidade de nossas interações quando temos diferentes estilos de comunicação? A resposta é: precisamos aprimorar a harmonia dos estilos. Em outras palavras, precisamos tornar os estilos de comunicação mais parecidos. A maneira de conseguir é imitando o comportamento do outro.

Costumamos imitar o comportamento dos outros sem perceber. Se você já observou pessoas entretidas em uma conversa, percebeu que a postura delas era similar ou apresentavam o mesmo tom de voz. É possível aprofundar esse processo inconsciente prestando atenção no comportamento da outra pessoa e imitando-a. Isso não significa imitar de forma tão explícita a ponto de ser notado. Pelo contrário, a imitação consiste em ajustes pequenos e sutis em seu estilo de comunicação para que se assemelhe mais ao de seu interlocutor. Quando conseguir realizar o processo com sucesso, a outra pessoa sentirá que estão em sintonia. Normalmente, sentimo-nos mais à vontade com quem achamos que se parece conosco.

A imitação nem sempre melhora a interação, então, há vezes em que não deve ser utilizada. Por exemplo, imitar o comportamento de alguém que está nervoso ou agressivo apenas agravará a situação. Em vez disso, para amenizar o tom da interação, você pode responder de maneira calma e imparcial.

##  Sua vez 5-3

### Trace o mapa de seu comportamento

*Objetivo*: Entender como os outros se comunicam pode fornecer uma enorme noção sobre o estilo que você utiliza para interagir. Este exercício possibilita fazer uma comparação.

Escolha um amigo ou colega e observe como se comunica. Utilize os indicadores da seção "Sua vez 5-2" para determinar o estilo que ele utiliza e quantos fatores indicadores possui. Considere ambos os estilos no mapa da eficácia da comunicação apresentado a seguir.

1. Qual é seu estilo?

2. Qual é o estilo de seu amigo ou colega?

3. Os estilos se sobrepõem ou são contíguos?
   Em caso afirmativo, descreva a qualidade de sua comunicação com essa pessoa.

4. Há uma distância entre os estilos?
   Em caso afirmativo, descreva alguns problemas de comunicação que possam estar enfrentando.

## Imitando os sentidos

Cada pessoa tem preferência por um dos cinco sentidos, e, geralmente, é possível saber qual deles ouvindo a pessoa conversar. A maioria prefere os sentidos da visão, audição e tato.

- Pessoas visuais falam coisas como "Olha, deixe-me lhe dizer uma coisa..." e "Vejo perfeitamente...".
- Pessoas que preferem o sentido da audição utilizam frases do tipo "Escute uma coisa...", "Soa bem para mim" e "Sou todo ouvidos...".
- Pessoas que favorecem o sentido do toque dizem "Sinta que coisa legal..." e "Não peguei o sentido da coisa...".

Poucas pessoas têm tendência aos canais gustativos e olfativos.

- Aquelas que preferem o canal gustativo utilizam frases como "Ele é um doce de pessoa" e "Esse preço está muito salgado".
- Pessoas olfativas falam coisas do tipo: "Isso não está me cheirando bem" e "Sinto cheiro de confusão no ar".

Quando se determina o canal sensitivo de alguém, é possível aumentar as chances de se estabelecer uma sintonia falando a mesma língua. Por exemplo, se a pessoa é visual, você pode perguntar "Você consegue enxergar o que estou dizendo?". Se a pessoa é auditiva, você pode formular a pergunta da seguinte forma, "Isso lhe soa correto?".

## Superando a timidez

Bernardo Carducci, professor de psicologia na Universidade de Southwest Indiana, tem algumas sugestões para ajudar as pessoas a superar a timidez com elementos desencadeadores de conversa.

- Antes de uma reunião, pense nas pessoas que estarão presentes e sobre o que discutirão.
- Chegue mais cedo. É mais fácil começar uma nova conversa do que entrar em uma já em andamento.
- Comece uma conversa falando sobre coisas comuns a todos, como o lugar, o clima, o anfitrião e assim por diante. Então, apresente-se às pessoas.

- Quando uma pessoa introduzir um tópico, comente e continue o assunto ou lance um novo tópico.

Esses elementos demonstram que não há necessidade de ser brilhante para se comunicar de forma eficaz. Devemos simplesmente interagir com o outro.

 # Elementos de excelência

Após a leitura deste capítulo, você aprendeu:

- quais são as habilidades básicas necessárias para desenvolver aptidões de comunicação e de audição eficazes;
- como as barreiras de comunicação podem diminuir a habilidade de se relacionar com os outros;
- qual é seu estilo de comunicação e como utilizar esse conhecimento para melhorar suas relações interpessoais;
- a mapear suas comunicações com amigos, familiares e colegas.

## CAMINHO DA INFORMAÇÃO

### *Atualize-se*

A comunicação é um extenso tópico e pode ser difícil encontrar informações específicas na internet, a menos que você filtre a pesquisa. A seguir, apresentamos alguns sites que fornecem pontos de partida para uma pesquisa:

- http://cios.org. O Communication Institute for Online Scholarship oferece fontes de pesquisa para alunos e professores do campo da comunicação. Para utilizar todos os serviços do site, é necessário ser membro ou estudar em uma escola que seja associada ao instituto.
- http://members.aol.com. Se estiver procurando mais informações sobre a comunicação não verbal, visite o site do Center for Nonverbal Studies, no qual encontrará outros sites interessantes e um dicionário de termos sobre a comunicação não verbal (em inglês).

  Você pode fazer pesquisas por conta própria utilizando palavras e expressões como *comunicação não verbal, expressões faciais, etiqueta da comunicação via e-mail, preconceito* e *afinidade*.

## DIÁRIO

Responda às seguintes perguntas:

1. Descreva como acontece a comunicação não verbal dentro de sua família. Em sua casa, como se utilizam as expressões faciais, o contato visual e a linguagem corporal na comunicação?

2. Qual das barreiras de comunicação – física, mental ou emocional – representa o maior problema para você? Como pode superá-la?

3. Utilize a grade da comunicação eficaz e mapeie seu estilo e de seu cônjuge, pessoa importante ou amigo íntimo. Seus estilos são parecidos ou diferentes? Como isso afeta seu relacionamento?

4. Se você é tímido, trace um plano para ser mais comunicativo em sua próxima reunião social. Se não é tímido, que conselhos daria a um amigo que é sobre como se comunicar de forma eficaz?

# Como melhorar sua habilidade de escuta

**capítulo 6**

Tanisha estava explicando à sua amiga Joana por que decidiu sair do emprego. À medida que Tanisha falava, Joana concordava, balançando a cabeça e murmurando algo como: "Hum-hum". Quando Tanisha terminou sua história, fez uma pausa, esperando que sua amiga dissesse algo. Aflita com o silêncio, Joana disse: "Ah! Desculpe-me, Tanisha, o que você estava dizendo?".

Em um momento ou outro, todos nós já passamos pela mesma situação de Tanisha – ficamos irritados porque a pessoa com a qual estávamos conversando não ouvia o que dizíamos. Todos nós também já nos sentimos culpados por termos agido como Joana – aparentemente prestando atenção, enquanto nossa mente está em outro lugar.

Não estar atento ao que um amigo está dizendo pode prejudicar a amizade. Não escutar os professores, chefes e colegas de trabalho também tem suas consequências, ocasionando desentendimentos, enganos e ressentimentos. "Se cada um dos mais de 100 milhões de trabalhadores americanos evitasse cometer um erro que custasse US$ 10 prestando mais atenção, suas organizações lucrariam acima de US$ 1 bilhão", disse Lyman K. Steil, presidente da Communication Development Inc., empresa de consultoria que ensina habilidades de escuta.

> O que me aflige mais é a doença de não escutar, de não prestar atenção.
>
> WILLIAM SHAKESPEARE, DRAMATURGO E POETA INGLÊS DOS SÉCULOS XVI E XVII

Em razão de a maioria das comunicações – tanto pessoais quanto profissionais – envolver a escuta, é importante melhorar as habilidades para essa função. Neste capítulo, você descobrirá por que escutar é tão difícil e aprenderá técnicas para ser um melhor ouvinte.

## POR QUE ESCUTAR É TÃO DIFÍCIL?

Escutar parece algo tão fácil. Afinal de contas, você só tem de ficar com os ouvidos abertos. Escutar, porém, é mais do que ouvir. Você ouve usando seus ouvidos, mas escuta utilizando seu cérebro. Imagine uma situação em que esteja falando com uma pessoa interessante em uma festa. Você pode ouvir muitas conversas no ambiente, mas está escutando apenas uma.

Então por que escutar é tão difícil? Escutar exige concentração, ou seja, ignorar centenas de outras coisas acontecendo ao seu redor ou mesmo dentro de sua mente. Coisas como egocentrismo, distrações, pressuposições e divagações podem interferir em sua habilidade de escutar.

### Distrações

É fácil ficar distraído ao conversar com alguém. Talvez esteja acontecendo algo no ambiente que atraia seus olhos e ouvidos. Pode ser também que a pessoa com quem você está conversando esteja usando brincos que chamem sua atenção. O indivíduo eventualmente pode apresentar manias ou gestos difíceis de ser ignorados. Seja qual for a distração, disputa sua atenção com a conversa. Uma vez dividida sua concentração, é difícil conseguir escutar bem.

### Pressuposições

Pressuposições sobre o locutor ou a respeito do que ele tem a dizer são barreiras contra uma escuta eficaz. Se você acha que ele não tem credibilidade ou se as opiniões dele forem contrárias às suas, pode acabar fechando seu canal de comunicação e não prestar mais atenção ao que é dito. O que você perde é a oportunidade de aprender algo – mesmo que suas pressuposições estejam corretas. Pode até mesmo ser surpreendido ao ouvir alguma coisa interessante se decidir escutar, apesar de suas pressuposições sobre o locutor ou sua mensagem.

## Egocentrismo

Outra causa de problemas da escuta é que as pessoas se concentram nelas mesmas e não no interlocutor. Em vez de escutar atentamente quem está falando, você está ocupado pensando em seus compromissos. Enquanto a outra pessoa fala, você está planejando sua resposta. Na verdade, está apenas esperando que o outro fique quieto para poder entrar com sua contribuição na conversa.

## ESCUTANDO DE FORMA EFICAZ

Muitas pessoas escutam com apenas um ouvido. Entendem apenas o suficiente do que o interlocutor está dizendo para continuar a conversa acenando com a cabeça, sorrindo e dizendo "Hum-hum" nos momentos certos. Com essas reações, o ouvinte está tentando convencer a outra pessoa de que está prestando atenção por ser um ouvinte passivo.

Na maioria das situações, é necessário manter uma escuta ativa ao se comunicar. Isso significa que sua mente deve estar atraída pela mensagem e atenta ao interlocutor. Você estará se concentrando nele e participando da comunicação.

> Há alguns anos, tentei superar a todos, mas não faço mais isso... Quando você está sempre tentando ser o melhor, na verdade não está realmente escutando. Isso mata a comunicação.
>
> GROUCHO MARX, COMEDIANTE E ATOR

Há muitas técnicas que podem ser utilizadas para praticar a escuta ativa. Elas incluem estar fisicamente preparado, aberto à outra pessoa, ser curioso, fazer perguntas, escutar o significado das palavras e da mensagem não verbal.

### Esteja aberto

O símbolo japonês para a palavra *escutar* mostra uma "orelha" colocada dentro de uma figura que lembra um "portão". Quando nos propomos a escutar alguém, estamos, na verdade, passando pelo portão e entrando no mundo do outro. Quando escutamos de forma eficaz, recebemos a mensagem do interlocutor de um modo aberto e imparcial.

Estar disposto a aceitar a mensagem do interlocutor significa que você deixa de procurar contradições e erros. Em vez disso, permite que a mensagem chegue até você para que possa analisá-la – após ter realmente escutado.

> Ele ouviu, porém não prestou atenção – seus olhos estavam em seu coração, e este estava muito distante.
>
> LORD BYRON, POETA INGLÊS DO SÉCULO XIX

Se conseguir escutar de forma aberta, você comunicará ao interlocutor que o acha importante e que suas ideias são dignas de ser ouvidas. Passará também uma atitude de respeito para com a outra pessoa. O bônus da escuta aberta é que o interlocutor fica menos defensivo e mais aberto para você.

## Seja curioso

> Falar é parte do saber, e escutar é privilégio da sabedoria.
>
> OLIVER WENDELL HOLMES, ESCRITOR E MÉDICO DO SÉCULO XIX

Um ouvinte aberto deve ter curiosidade com relação à outra pessoa. Se você conseguir realmente escutar o que o outro tem a dizer, verá que pode aprender muito. Tente ser observador e objetivo quanto à escuta e poderá coletar muita informação. Para tanto, deve permitir que sua curiosidade supere a necessidade de julgar o outro e justificar sua própria posição.

## Faça perguntas

Você pode expressar sua curiosidade em relação ao interlocutor e esclarecer as dúvidas sobre a mensagem fazendo perguntas. Ouvintes eficientes fazem perguntas de forma a extrair respostas informativas.

# Sua vez 6-1

### Você é um bom ouvinte?

*Objetivo*: Este exercício irá ajudá-lo a detectar se é um bom ouvinte.

Pense um pouco sobre suas próprias qualidades de ouvinte. Então responda às seguintes perguntas para analisar quais são seus pontos fortes e fracos.

1. Sua audição é normal?

2. Você olha para a pessoa que está falando?

3. Tenta ignorar as interferências visuais e auditivas quando está escutando alguém?

4. Enquanto está escutando, você evita fazer outra coisa ao mesmo tempo (como ler ou assistir à TV)?

5. Quando alguém está falando com você, consegue se concentrar na pessoa e não em seus próprios pensamentos?

6. Acredita que os outros podem lhe ensinar algo?

7. Quando não entende alguma coisa, pede para a pessoa repetir?

8. Escuta mesmo quando discorda do interlocutor?

9. Se acha que o assunto é banal ou muito difícil, você se torna indiferente?

10. Você tem de pedir à pessoa que repita a informação com muita frequência, por ter esquecido o que foi dito?

11. Se a aparência ou os modos do interlocutor são insatisfatórios, você presta menos atenção?

12. Você finge estar prestando atenção mesmo quando não está escutando?

Se respondeu *sim* às primeiras oito perguntas e *não* às últimas quatro, sua habilidade de escuta é boa. Mesmo que tenha conseguido uma pontuação perfeita, as dicas e técnicas que seguem irão ajudá-lo a melhorar sua habilidade de escuta.

---

Em geral, as perguntas abertas são as mais eficientes por não poderem ser respondidas com um simples *sim* ou *não*. Exigem uma explicação e geralmente iniciam por *o quê*, *como* e *por quê*. Por exemplo, "O que aconteceu na reunião?", "Como você se sente quanto a isso?" e "Por que você saiu?" são perguntas que exigem resposta informativa. As perguntas abertas são utilizadas para conseguir mais detalhes e esclarecer as mensagens.

> Se você deseja conhecer a mente de um homem, ouça o que ele tem a dizer.
>
> PROVÉRBIO CHINÊS

Por sua vez, as perguntas fechadas podem ser respondidas com um simples *sim* ou *não*. "Você concorda com ela?" e "Gosta disso?" são exemplos de perguntas fechadas. Tendem a limitar a troca de informações, especialmente quando o interlocutor é tímido ou reservado. No entanto, ouvintes eficientes podem utilizar perguntas fechadas quando a informação precisa ser verificada. "Isso quer dizer que você chegará com um dia de atraso?" é uma pergunta fechada usada para verificar se o ouvinte entendeu a mensagem.

> Temos duas orelhas e uma só boca, justamente para ouvir mais e falar menos.
>
> ZENO, ANTIGO FILÓSOFO GREGO

Lembre-se de que boas perguntas, tanto abertas quanto fechadas, incentivam a conversa. Isso significa que você, ouvinte, deve prestar atenção. Na próxima vez que assistir a uma entrevista na televisão, repare se a pessoa segue um roteiro de perguntas, sem dar importância à resposta dada ou se permite que as perguntas surjam a partir do conteúdo da entrevista. Bons entrevistadores são bons ouvintes e suas perguntas são relevantes para a conversa.

## Escutar com o propósito de buscar significados e dicas verbais

Mencionamos anteriormente que os ouvintes podem entender as mensagens verbais de forma bem mais rápida do que os interlocutores podem expressá-las. Em vez de utilizar o tempo ocioso da conversa para divagar, ouvintes eficientes usam-no para pensar sobre o significado daquilo que escutaram.

Tente identificar as ideias, os fatos e as relações entre eles. Pergunte-se: Qual é a informação mais importante? Quais fatos e ideias fundamentam o principal conceito? Uma coisa é consequência da outra? Existe sequência e tempo? Isso representa um fato ou uma opinião? Pensar de forma crítica sobre a mensagem ajuda a entender e a manter a atenção na comunicação.

Além disso, pensar sobre o significado da mensagem do interlocutor pode fornecer dicas sobre suas próprias respostas. Por exemplo, se você está sendo entrevistado para uma vaga de emprego, deve escutar atentamente o que o entrevistador está dizendo. Se ele falar muito sobre a reputação da empresa com relação à alta qualidade dos serviços, você pode descrever seu próprio comprometimento com a excelência em alguns aspectos de sua vida. Se o entrevistador fizer uma pergunta aberta, dê uma resposta completa.

## CASOS E FATOS

### Escutar: um fundamento da psicoterapia

Uma mulher com cerca de 30 anos estava enfrentando problemas familiares e conjugais. Então, foi procurar a ajuda de um psicoterapeuta. Veja um breve trecho de suas sessões.

**Mulher:** Sabe, isto é meio idiota, mas nunca contei para ninguém e provavelmente me fará bem falar... Faz anos... que tenho ... *"flashes* de sanidade"... nos quais realmente me sinto sã... e muito consciente da vida...

**Terapeuta:** Isso tem sido passageiro e pouco frequente, mas há vezes em que parece que você como um todo está se sentindo no mundo e interagindo com ele, um mundo muito caótico com certeza...

**Mulher:** Isso mesmo...

Note como o terapeuta utilizou a primeira afirmação da mulher e a parafraseou, tentando esclarecer o que ela queria dizer. Deve ter prestado muita atenção. A psicoterapia envolve escutar tudo com muita atenção, mas, na psicoterapia centrada no cliente, escutar é um fator essencial.

Na psicoterapia centrada no cliente, os terapeutas tentam ajudar seus pacientes a entender a vida e a lidar com ela – o que chamamos de alcançar seu potencial. De acordo com o psicoterapeuta Carl Rogers, esse crescimento pessoal ocorrerá se existirem três condições no relacionamento entre terapeuta e paciente:

1. O terapeuta precisa ser totalmente ele mesmo, expressando sentimentos e atitudes para o paciente, não opiniões e julgamentos. Mostrando-se aberto, conquista a confiança dessa pessoa.

2. O terapeuta precisa aceitar o paciente como ele é – uma condição denominada consideração positiva incondicional. Dessa forma, mostra que se importa com o indivíduo, independente do que ele esteja sentindo ou pensando.

3. O terapeuta precisa visar a um completo e empático entendimento de seu paciente por meio da escuta ativa. Esclarecendo o significado do que a pessoa está dizendo, ele pode estimular o entendimento ainda mais profundo do indivíduo sobre si mesmo.

Esse último elemento de terapia centrada no paciente é baseado na escuta. De acordo com Rogers: "Os terapeutas podem aprender bem rapidamente a ser ouvintes melhores, mais sensíveis e mais empáticos. Isso é em parte uma habilidade e uma atitude".

Como uma terapia centrada no paciente pode ajudar as pessoas? Segundo Rogers, quando os pacientes encontram um terapeuta para escutar e aceitar seus pensamentos e sentimentos, tornam-se mais capazes de aceitar seus próprios pensamentos e sentimentos – mesmo os negativos. Essa melhora na aceitação de si mesmo cria um sentimento de maior autocontrole. À medida que os clientes tornam-se mais conscientes sobre si mesmos e passam a se aceitar, encontram um pouco de liberdade para crescer e mudar como seres humanos.

**Fontes**: Rogers, Carl. *On Personal Power*: Inner Strength and Its Revolutionary Impact. Nova York: Delacorte, 1977. p. 9-12; *On Becoming a Person*. Boston: Houghton Mifflin, 1961. p. 61-2, 89.

# Armadilhas

## O impacto da tecnologia e a "escuta"

Está se tornando cada vez mais comum fazer negócios através de inúmeros meios que não incluem uma comunicação do tipo cara a cara. Conversas pelo telefone e e-mails são meios pelos quais começa a ficar mais fácil e mais tentador escutar menos. Muitas pessoas conversam ao telefone enquanto realizam outras tarefas, reduzindo, dessa forma, sua habilidade de escutar de forma eficaz. O e-mail está substituindo as conversas do tipo cara a cara e é uma forma ineficaz de estabelecer uma troca de informações bilateral. Esteja ciente de como você interage nesses dois meios de comunicação.

## Escutar nas entrelinhas

A escuta eficiente exige mais do que apenas prestar atenção nas palavras. Um ouvinte eficiente também presta atenção nos aspectos não verbais. Dessa forma, você pode melhorar sua habilidade de escutar.

A maior parte desses aspectos não verbais é visual. Então, é importante que o ouvinte possa olhar para o interlocutor. É possível conseguir ter uma noção de como a visão contribui para a escuta eficaz comparando as experiências de conversas do tipo cara a cara com as feitas por telefone. Quando você conversa pessoalmente com alguém, pode perceber seus sentimentos e suas mensagens implícitas reparando em seu rosto, nos olhos e gestos. Isso não acontece quando você conversa por telefone, pois depende dos ouvidos para captar tanto as palavras quanto as dicas da voz. Sua habilidade para detectar mensagens implícitas é reduzida porque você não visualiza o interlocutor. Quando a comunicação é feita por e-mail ou mensagens instantâneas, as dicas visuais e de voz não existem, e é preciso confiar inteiramente nas palavras para apreender o significado.

> Tudo se torna possível pela simples presença de alguém que sabe como escutar, amar e doar a si mesmo.
>
> ELIE WIESEL,
> SOBREVIVENTE DO HOLOCAUSTO E ESCRITOR

## Faça anotações

Outro modo de garantir uma escuta ativa é fazer anotações. Assim, você se obriga a prestar atenção na mensagem e a decidir o que é importante o suficiente para ser anotado. Conforme abordamos no Capítulo 3, anotar e analisar as anotações também pode ajudá-lo a se lembrar do que foi dito.

Embora você possa estar acostumado a fazer anotações em sala de aula, há outras situações em que esse é um bom modo de garantir a escuta eficiente. Quando se está recebendo instruções, por exemplo, é muito útil anotá-las. Ou quando você está negociando por telefone, anote os detalhes. Assim, garante uma mensagem precisa e completa.

## FAÇA O QUE FOR PRECISO

### Chan Ho Yun

Quando Kika Keith procurava aulas de música para sua filha, descobriu que Colburn, uma famosa escola de artes no centro de Los Angeles, ficava muito longe de seu bairro e que as aulas particulares de violino eram muito caras. No entanto, também descobriu Chan Ho Yun. Violinista e professor, Yun fez a seguinte proposta a Keith: se ela encontrasse um lugar em seu bairro e conseguisse mais crianças interessadas nas aulas, ele ensinaria música sem cobrar nada.

Foi assim que surgiu a Sweet Strings, com um programa de música clássica para crianças da região do Centro Sul de Los Angeles. Para Keith, o modo como a Sweet Strings decolou foi uma completa surpresa. A região do Centro Sul de Los Angeles, mais conhecida por seus fãs de *rap*, mostrou-se também um lugar com muitos amantes da música clássica. Quando a notícia acerca das aulas de violino gratuitas se espalhou pela vizinhança, as pessoas compareceram em massa para participar do programa. A primeira aula, em 1999, tinha 25 crianças e nenhum instrumento. Em 2000, havia 60 alunos e 50 violinos doados. Logo, o programa estava oferecendo aulas de violino, viola, violoncelo e baixo para mais de 100 crianças afro-americanas, latinas e coreanas, com uma lista de espera de mais de 300 alunos.

Hoje o programa da Sweet Strings se mantém com doações de celebridades de Hollywood, grandes empresas e fundações. Há professores pagos e voluntários. Como o programa possui um orçamento limitado, não pode admitir todos os alunos que o procuram. São aceitos aqueles com mais necessidade – cujas escolas não têm um programa de estudo de música. Os estudantes da Sweet Strings já se apresentaram na noite de abertura do Hollywood Bowl e em um evento em que o presidente Clinton era o porta-voz.

Ao mesmo tempo que as crianças aprendem música, a comunidade também se beneficia de outras formas. Yun pediu que os pais acompanhassem seus filhos durante as aulas. Dessa forma, eles também têm a oportunidade de aprender a ler música e podem conhecer seus vizinhos. Pessoas de diferentes origens perceberam que os estereótipos estavam sendo derrubados, e formavam-se amizades por causa do interesse em comum nas crianças e na música. "Não importa nossa origem nem a cor de nossa pele, a única cor que conheço é a do som da música que fazemos", disse Yun.

**Fontes:** Reeves, Amy. Sweet Strings in South Central L.A. *Strings*, n. 91, jan. 2001, disponível em: <http://www.stringsmagazine.com/issues/strings91/News-prof.shtml>, acesso em: 28 fev. 2003; Cheakalos, Christina; Bates, Caren Grigsby. Strings of his heart, *People*, p. 69-70,19 mar. 2001; Chan Ho Yun, Violin Teacher and Performer, Co-founder, Sweet Strings, disponível em: <http://www. digitalheroes.org/dhc/bios/bio_yun.html>, acesso em: 28 fev. 2003.

# Elementos de excelência

Depois de ler este capítulo, você aprendeu:

- por que escutar é tão difícil e como eliminar os principais desafios;
- onde estão seus desafios e pontos fortes nas habilidades de escuta;
- quais as principais estratégias que irão ajudá-lo a aumentar sua habilidade de escutar.

## CAMINHO DA INFORMAÇÃO

### *Atualize-se*

Há muita informação acerca de habilidades de escuta na internet, desde vendas de seminários sobre habilidades de escuta até sites com sugestões para melhorá-las.

- http://listen.org. Um bom lugar para começar é o site da International Listening Association (Associação Internacional de Habilidades de Escuta), que oferece links e fontes de áudio.
- http://www.hearnet.com. Para obter fontes sobre proteção da audição e outras informações, consulte o site HEAR (Hearing Education and Awareness for Rockers – Educação e Conscientização sobre a Audição para Roqueiros), uma organização sem fins lucrativos fundada por um roqueiro que sofreu de perda da audição.
- http://www.eslcafe.com. O Dave's ESL Café é um site abrangente para aqueles que têm o inglês como segunda língua. Seu mecanismo de busca fornece links para fontes de áudio para estudo de inglês como segunda língua.

Para descobrir mais sobre os tópicos deste capítulo, você pode pesquisar utilizando palavras-chave como *habilidades de escuta, informações sobre audição, psicoterapia centrada no paciente, Carl Rogers* e *barulho.*

## DIÁRIO

Responda às seguintes questões para completar seu diário.

1. Quais barreiras da escuta interferem em sua habilidade de ouvir de forma eficaz? Como você pode superá-las?

2. Em que situações você percebe que não presta atenção no interlocutor? Como você pode se abrir mais para escutar os outros?

3. Qual é o papel da escuta em sua casa e no trabalho? Quando sua escuta é mais eficiente? Por quê?

4. Se você melhorasse suas habilidades de escuta na escola, como isso poderia beneficiá-lo?

# COMO MELHORAR SUAS HABILIDADES DE FALA

## capítulo 7

Desde o momento em que você acorda pela manhã até a hora que vai dormir, utiliza a voz para se comunicar. Com a família, em casa, conversa a respeito dos acontecimentos do dia. Com os amigos, fala sobre tudo aquilo que o preocupa. Usa o telefone para discutir negócios e assuntos pessoais. Na escola, faz perguntas, responde àquelas dirigidas a você na classe e se comunica com outros alunos. No escritório, dá instruções, explicações, questiona e replica, participa de reuniões e troca ideias com clientes e colegas. Além de ocasionalmente fazer apresentações orais no colégio e no trabalho.

Falar é a forma básica de comunicação entre as pessoas e, em razão disso, você acaba sendo julgado em grande parte por sua habilidade de falar. As pessoas o reconhecem pelo discurso. As palavras escolhidas, o modo de pronunciá-las, os gestos, as expressões faciais e a voz contribuem para torná-lo uma pessoa imediatamente reconhecível. O modo como você fala é uma expressão de sua

> Uma voz alta não pode competir com uma voz desobstruída, mesmo se for um sussurro.
>
> BARRY NEIL KAUFMAN

personalidade. Neste capítulo, você aprenderá que o ato de falar envolve mais do que palavras.

Você descobrirá que a aparência, as características de sua voz e o modo como fala causam grande impacto nas pessoas que estão à sua volta. Além disso, aprenderá técnicas para desenvolver conversas frente a frente e por telefone. Por último, irá adquirir conhecimentos a respeito de como melhorar sua habilidade de falar em público, tanto de maneira informal quanto formal.

## PRIMEIRAS IMPRESSÕES

O falar não está limitado às palavras. Além delas, os ouvintes notam sua aparência e o modo como fala. Em estudos sobre a comunicação frente a frente, o dr. Albert Mehrabian descobriu que o impacto da aparência e da voz sobre os ouvintes é muito maior do que o impacto das palavras (Figura 7.1). Na realidade, já que as pessoas o veem antes de escutá-lo, sua aparência exerce uma grande influência sobre a habilidade de transmitir uma mensagem. Você tem de sete a dez segundos para causar uma boa primeira impressão!

Se a impressão visual que as pessoas têm sobre você é ruim, há menos chances de ouvirem o que tem a dizer. A maioria das pessoas é rejeitada por sua má postura, falta de higiene e aparência desleixada. Portanto, para construir uma boa primeira impressão, é essencial possuir boa postura, aparência e higiene.

Para tanto, outro fator também importante é a maneira de se vestir. Nos últimos anos, os padrões de vestuário mudaram consideravelmente. Não é mais possível sugerir um traje apropriado para cada situação. Em vez disso, é preciso

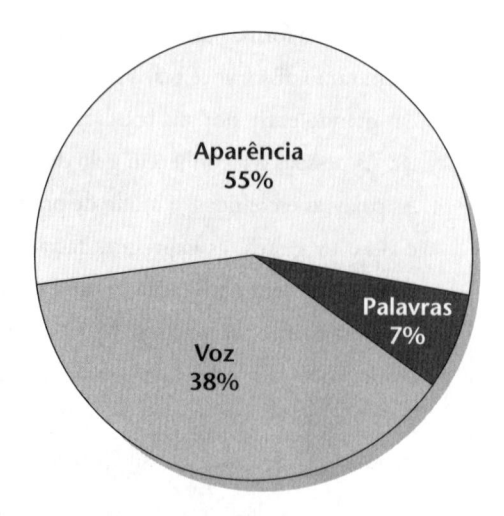

**Figura 7.1** – Sua aparência e voz têm mais impacto sobre seus ouvintes do que a própria mensagem.

pensar nos ouvintes que o esperam. Se a opinião deles for importante para você, então deve se trajar de forma que lhes seja aceitável. Seja qual for o tipo de roupa que escolher, precisa estar limpa, arrumada e não deve ser um fator de distração para os receptores de sua mensagem.

## CARACTERÍSTICAS DA FALA

Uma vez que você já tenha deixado boa impressão com sua aparência, a segunda impressão vem da fala. A maioria das pessoas quer ser considerada inteligente, competente e atraente. Para isso, é necessário falar bem. É preciso controlar as características da voz – volume, timbre, ritmo e tom. Além de pronunciar as palavras com precisão, deve-se falar com clareza, usar uma gramática correta e um vocabulário apropriado.

### Volume

O volume de sua voz refere-se à intensidade ou altura. Na maioria das situações, um volume moderado permitirá que as pessoas o ouçam. Obviamente, se estiver falando para um grande público, terá de aumentar o volume da voz ou utilizar um microfone. Além disso, um bom orador usa variações no volume para dar ênfase a partes da mensagem.

Se tiver problemas para falar suficientemente alto, pratique a respiração. Quando você respira rapidamente, inspirando pouco ar, seus pulmões não captam o bastante para reproduzir os sons a uma altura suficiente para que possa ser ouvido com facilidade. Então, respire profundamente e controle a entrada de ar da mesma forma como fazem os cantores e atores.

### Timbre

O timbre diz respeito ao nível de som em uma escala musical. As pessoas que têm um timbre alto de voz apresentam um som estridente e desagradável. É difícil de escutar quem possui um tom de voz muito baixo. Já as pessoas que nunca variam o tom, podem entediar o ouvinte.

> As palavras significam mais do que pode ser colocado no papel. É necessário que a voz humana as envolva com as sombras de um significado mais profundo.
>
> MAYA ANGELOU,
> ESCRITORA
> AFRO-AMERICANA

## Ritmo

Para evitar que sua voz seja entediante, varie o ritmo da fala. Diminua para enfatizar fatos e ideias importantes ou fazer que os ouvintes possam acompanhá-lo. Também podem ser feitas pequenas pausas para destacar pontos principais. Um momento de silêncio tem o poder de retomar o foco da atenção das pessoas. Evite preencher suas pausas com sons como "hum" ou "ahn", pois pode distrair o público.

## Tom

Como se sabe, o tom da voz revela os sentimentos e as atitudes do locutor. Uma voz pode demonstrar tristeza, animação, irritação ou neutralidade. Por ser tão revelador, você precisa prestar atenção ao tom de sua voz. Às vezes é adequado demonstrar suas emoções pelo tom de voz, por exemplo, para comunicar sua felicidade com o casamento de um amigo. Em outras ocasiões, é melhor mudar o tom da voz para disfarçar algum sentimento que prefira não ser demonstrado ou ainda para parecer imparcial em vez de nervoso ao discordar de seu chefe.

## Enunciação

A enunciação faz referência à clareza com que você pronuncia as palavras. Uma enunciação pobre é resultado de adicionar alguns sons, aglutiná-los ou deixar de pronunciá-los. No inglês americano padrão, uma enunciação pobre pode ser decorrência da fala de um dialeto regional.

## Pronúncia

A pronúncia está estreitamente ligada à enunciação. Enquanto a enunciação se refere à clareza com a qual as palavras são ditas, a pronúncia diz respeito à exatidão com a qual são proferidas.

## Gramática e vocabulário

Você pode exprimir as palavras com clareza e pronunciá-las corretamente, mas, se escolher as palavras erradas ou usá-las de forma incorreta, não será considerado um bom comunicador. Um bom vocabulário permite que você exponha seus pensamentos de forma precisa.

As pessoas que constantemente cometem erros gramaticais ao falar são consideradas pouco instruídas e não profissionais, seja isso justo ou não. Se você acredita que sua gramática precisa ser aperfeiçoada, tente ler mais.

## Sua vez 7-1

### Classifique as características de sua fala

*Objetivo*: Diversos elementos são considerados quando se avalia a habilidade de fala. Este exercício irá ajudá-lo a entender quais áreas são seus pontos fortes ao se exprimir e quais precisam melhorar.

Considere *sim* ou *não* nas seguintes afirmações para analisar as características de seu discurso. Você pode precisar da ajuda de um amigo caso não tenha certeza de seu som.

1. Falo em um volume moderado, nem muito alto nem muito baixo.

2. Falo com um timbre moderado, fazendo variações para demonstrar significados diferentes.

3. Falo em um ritmo moderado, nem muito rápido nem muito lento.

4. Faço pausas para enfatizar os pontos principais.

5. Controlo o tom de minha voz para me comunicar melhor.

6. Geralmente pronuncio as palavras de forma clara e explícita.

7. Quando não tenho certeza da pronúncia de uma palavra, consulto um dicionário.

8. Uso grande variedade de palavras quando falo.

9. Quando falo, utilizo a gramática de forma correta.

Caso não tenha resposta para alguma das afirmações, significa que você deve melhorar sua habilidade de fala.

## CONVERSAS EFICIENTES

Uma aparência atraente e boas características de fala contribuem para sua eficiência como comunicador, mas esses fatores não são suficientes para garantir uma boa comunicação. Durante um diálogo frente a frente, é importante pensar tanto na pessoa com quem está conversando quanto em si mesmo e em sua mensagem. Consequentemente, além de saber o que deseja transmitir, deve deixar as pessoas à vontade, cultivando uma atmosfera positiva, com uma linguagem corporal adequada, escutando, deixando que os outros também falem e imitando suas características de fala.

> Os boatos que uma orelha ouve muitas bocas falam.
>
> PROVÉRBIO CHINÊS

### Saiba o que está querendo dizer

Se uma conversa for mais do que apenas um bate-papo informal, você deve estar mentalmente preparado. Isso significa saber de antemão a mensagem que deseja transmitir. É necessário decidir de quais pontos almeja tratar e qual será sua abordagem. Com essa preparação mental, em vez de estar confuso e desnorteado, você saberá direcionar a conversa para o caminho desejado. Outro fator a ser considerado refere-se ao que não se deve dizer. É importante respeitar questões confidenciais, ser discreto e cuidadoso. Revelar assuntos privados a pessoas que não estão diretamente envolvidas pode fazer que você seja considerado desleal e grosseiro. Para evitar que isso aconteça, mantenha a confidencialidade e converse com as pessoas com tato e discrição.

### Crie uma atmosfera positiva

O ambiente para uma conversa apresenta um grande efeito sobre a qualidade da comunicação. Ninguém deve esperar uma conversa mutuamente satisfatória em

> Um dos grandes prazeres da vida é conversar.
>
> SYDNEY SMITH, CLÉRIGO E ESCRITOR DO SÉCULO XIX

uma sala durante um interrogatório com luzes fortes apontadas para o suspeito, por exemplo. Atitudes como ficar atrás de uma mesa grande, sentar em uma cadeira oponente ou olhar fixamente para a pessoa com quem está conversando emitem mensagens semelhantes: você está no controle. Qualquer elemento que faça o locutor parecer dominante tem o efeito de atrapalhar a fluência da comunicação.

Portanto, se deseja conversar aberta e honestamente com alguém, certifique-se de que o ambiente contribui para uma atmosfera tranquila e que não existam barreiras entre você e o ouvinte. Saia de trás da mesa ou escrivaninha e procure se sentar ao lado do ouvinte, caso ele esteja sentado, e mova os móveis para conseguir um lugar confortável, se necessário.

## Utilize a linguagem corporal

Você já está ciente de como expressões faciais, contato visual, postura e gestos podem também ser elementos ativos na comunicação. Quando falar, tente usar o vocabulário da linguagem corporal para enriquecer sua mensagem verbal. Atitudes como sorrir, olhar nos olhos das pessoas, manter uma postura ereta mas relaxada e gesticular para dar ênfase ajudam a manter a atenção dos ouvintes. Porém, não exagere na linguagem corporal, pois isso pode causar distração. Além disso, controle certas manias, como morder a caneta ou ficar mexendo em objetos.

## Escute

Nada pode mostrar mais seu interesse por outra pessoa quanto escutá-la atentamente. Seu sucesso como um interlocutor depende da sua eficácia como ouvinte. Apenas ouvindo atentamente você conseguirá obter uma reação à sua mensagem. É necessário que haja um bom *feedback* para manter um conversa eficiente.

## Permita que outras pessoas falem

Uma conversa é um diálogo, não um monólogo. Se monopolizar a conversa, descobrirá que não está conseguindo uma comunicação eficaz. Parte de ser um bom interlocutor é saber quando deixar a outra pessoa falar. Fique atento ao seu ouvinte para que perceba quando deseja dizer algo. Então, pare de falar e escute.

## Imite as características da fala das outras pessoas

Como você deve se lembrar, as pessoas ficam mais à vontade quando conversam com quem se parece com elas. Parte de estabelecer uma harmonia com a outra pessoa é imitar seu estilo de comunicação. Em uma conversa, você pode imitar as características da fala da outra pessoa, tentar igualar o ritmo, timbre, tom e volume da voz, o estilo das palavras e a linguagem corporal. Imitar esses elementos ajudará a pessoa a relaxar e a se abrir mais com você.

Além de reagir ao estilo de comunicação da outra pessoa, você pode influenciar esse estilo pela maneira como age. Por exemplo, suponha que esteja conversando com alguém que fale muito lentamente; você pode tentar acelerar sua fala imitando seu ritmo e então aumentar a velocidade gradualmente. Sem mesmo saber, a pessoa acelera um pouco para se igualar a você. Se quiser que alguém relaxe, mantenha a sua própria postura relaxada, voz calma e expressões faciais que demonstrem interesse e satisfação.

## Armadilhas
### Falando ao telefone

O aspecto visual da comunicação é perdido em conversas por telefone, pois não existe o poder das expressões faciais, do contato visual e dos gestos. Em vez disso, você conta apenas com as palavras e a voz para transmitir sua mensagem. Precisa se concentrar em se identificar, ser cortês e atencioso para alcançar um nível de conversação eficiente ao telefone. Não presuma que sabe o que seu ouvinte está pensando. Esclareça com frequência tudo que estiver tentando transmitir.

### DICAS PARA FALAR AO TELEFONE

Telefones, secretárias eletrônicas e correio de voz estão por toda parte e você os usa há anos. Mas essa tecnologia é utilizada de forma adequada? A seguir, fornecemos algumas dicas para ajudá-lo a dominar essa arte.

> São necessárias duas pessoas para falar a verdade – uma para falar e outra para ouvir.
>
> HENRY DAVID THOREAU, ESCRITOR E NATURALISTA DO SÉCULO XIX

- Fale próximo ao microfone ou fone, a uma distância de aproximadamente cinco centímetros. Não deixe o telefone abaixo do queixo, pois o ouvinte não conseguirá escutá-lo ou sua voz pode não ser gravada com clareza na secretária eletrônica ou no correio de voz.

- Se estiver usando viva-voz, fale de frente para a unidade para que sua voz seja captada corretamente.

- Fale em um tom de voz normal. Geralmente não é necessário gritar. Se a ligação ou sinal estiver ruim, ligue em outro momento.

- Pronuncie claramente para que seja compreendido.

- Se ligar para o número errado, não desligue simplesmente. Desculpe-se pelo erro. Isso não apenas demonstra boas maneiras, mas também protege sua reputação e seu profissionalismo. Lembre-se de que muitas pessoas possuem um identificador de chamadas e seu número pode ser identificado.

- Se precisar deixar a linha, explique o motivo à pessoa. Informe que a deixará em espera ou que atenderá a outra chamada. Se ela ficar esperando por mais de um minuto, volte e pergunte se deseja continuar na linha. Isso indica que não foi esquecida.

- Não derrube ou bata o fone na mesa, o barulho acaba sendo ampliado, perturbando a pessoa do outro lado da linha.

- Ao desligar, coloque o fone com calma na base.

## CASOS E FATOS

### Precisa-se de pessoas bilíngues

"Qual é a vantagem de saber outra língua?" Essa é a dúvida de trabalhadores bilíngues espalhados por todo país. Como as empresas americanas e governos fazem negócios com pessoas que não falam inglês, a demanda por funcionários bilíngues está aumentando. Eles são necessários na área de tecnologia, atendimento médico, assistência social, segurança pública e trabalhos administrativos tanto para o setor privado quanto para o setor público.

Falar outra língua no mercado de trabalho hoje em dia é um fator positivo. Muitos empregadores querem contratar funcionários bilíngues e também biculturais, pois entendem a língua, os costumes e as tradições de seus clientes estrangeiros. Uma pesquisa realizada pelo Hispanic Times Enterprises revelou que, quando duas pessoas com qualificações semelhantes disputam uma vaga e uma delas é bilíngue, a maioria das empresas contrata o candidato bilíngue. Em alguns lugares, a necessidade de utilizar outros idiomas é tão grande que os governos locais estão começando a exigir a contratação de funcionários bilíngues. Por exemplo, em 2001, a cidade de Oakland na Califórnia aprovou uma portaria fazendo essa exigência. Oakland precisava de pessoas que soubessem espanhol ou chinês, inclusive policiais, bombeiros, trabalhadores da área de limpeza e recreação, áreas que envolvem o contato com o público.

Um funcionário que fale outra língua terá melhor remuneração por suas habilidades? Alguns recebem mais, especialmente aqueles com trabalhos de categoria mais elevada. Analistas financeiros, banqueiros, corretores da bolsa de valores e gerentes de médio e alto nível bilíngues são geralmente mais bem remunerados por suas habilidades linguísticas aplicáveis. Para trabalhos mais operacionais, a situação varia consideravelmente, embora a tendência seja maior remuneração. Por exemplo, a MCI paga aos seus atendentes bilíngues 10% de bônus se falarem em outro idioma por mais da metade do período de trabalho. A Clark County, em Nevada, está planejando pagar aos seus funcionários bilíngues US$ 100 extras por mês se pelo menos 20% de seu trabalho envolver contato com clientes de língua espanhola.

O que define se os trabalhadores bilíngues receberão mais é se o segundo idioma for considerado uma exigência para a função ou apenas um talento adicional. Por exemplo, na MCI, o conhecimento de um segundo idioma é uma exigência para algumas posições de atendentes, portanto essa função é mais bem paga.

O salário dos trabalhadores bilíngues também depende do mercado de trabalho regional. Em Miami, na Flórida, são tantas as pessoas que falam o inglês e o espanhol que as empresas não precisam oferecer um salário mais alto para atrair funcionários bilíngues. No entanto, em São Francisco, um corretor da Charles Schwab & Company que fale chinês recebe um salário-base mais alto do que os outros corretores, pois sua habilidade linguística é relativamente rara.

Se você fala dois idiomas e deseja utilizar suas habilidades linguísticas, a internet é uma fonte que facilitará sua busca por trabalho. Além de encontrar sites de trabalhos em várias áreas, pode consultar banco de dados nacionais para procurar oportunidades de trabalhos bilíngues no site http://www.bilingual-jobs.com. Nele é possível procurar trabalhos por língua, localização (inclusive trabalhos internacionais), empresa etc. por meio de palavras-chave.

**Fontes:** Heinz, Rich. Employers eager to buy lingual skills. *California Job Journal*, 2 set. 2001, disponível em: <http://www.jobjournal.com/article_printer. asp?artid=333>, acesso em: 4 mar. 2003; Pratt, Timothy. Plan to increase pay for bilingual workers closer to fruition. *Las Vegas Sun*, 26 jul. 2002, disponível em: <http://www.lasvegassun.com/sunbin/stories/text/2002/jul/26/513768608. html, acesso em: 4 mar. 2003; Fritsch, Peter. Bilingual Employees are seeking more pay, and many now get it. *Wall Street Journal*, 13 nov. 1996, p. A1, A15; McShulskis, Elaine. Bilingual employees more valuable. *Human Resources Magazine*, abr. 1996, p. 16; Rifkin, Jane M. The competitive edge. *Hispanic Times Magazine*, dez./jan. 1996, p. 10.

## Utilizando sistemas de atendimento automático

Atualmente, quando você faz uma ligação telefônica, é provável que seja atendido por um sistema eletrônico. Então, é bom estar preparado. Se estiver fazendo uma ligação pessoal e for atendido por uma secretária eletrônica ou um serviço de correio de voz, pode apenas deixar seu nome, telefone e uma breve mensagem. No entanto, se estiver ligando por motivos de negócio ou apenas informação, esteja preparado para lidar

> Falar e falar bem são duas coisas diferentes.
>
> BEN JONSON, POETA E DRAMATURGO DO SÉCULO XVII

com sistemas de atendimento automático. A seguir, serão apresentadas algumas sugestões para ajudá-lo a conseguir o máximo desses sistemas computadorizados.

- Tenha lápis e papel à mão. É possível que seja fornecido um menu numérico de acordo com o objetivo da ligação; por exemplo, "para extratos bancários, pressione dois". Anote as opções para que possa escolher adequadamente.

- Tenha por perto todas as informações de que precisará. Se houver necessidade de digitar dados como o número da contra bancária ou documento pessoal, tenha tudo em mãos. Não é possível pedir que um computador espere enquanto você procura alguma coisa.

Caso fique indo e voltando ao menu de um sistema de atendimento sem conseguir chegar a lugar nenhum, não desista. Apenas espere ou tente pressionar zero. Eventualmente pode ser atendido por uma pessoa de verdade!

## Utilizando o celular

Como é cada vez maior o número de pessoas que usam telefones celulares, surgiu um novo conjunto completo de elementos de etiqueta. Quase todo mundo já foi perturbado por um celular que toca no cinema, durante a missa ou dentro do ônibus ou trem. Além da perda de concentração causada pelo barulho do aparelho tocando, há a distração de ter de escutar alguém conversando ao celular.

Por tratar-se de um elemento relativamente novo, as pessoas ainda estão se adaptando às regras sociais pertinentes ao seu uso. O nível de incômodo público causado pelo uso de telefones celulares é tão alto que está sendo considerada a criação de políticas e leis para banir sua utilização dentro de salas de aula, cinemas, teatros, restaurantes e transporte público. Em alguns lugares[1] já proibiram que se fale ao celular e dirija ao mesmo tempo por uma questão de segurança, e não de etiqueta.

Independente da lei, faz sentido usar o celular sem perturbar outras pessoas. Veja algumas sugestões a seguir.

- Nunca atenda a uma ligação pessoal nem faça uma durante uma reunião; isso inclui entrevistas. Se estiver esperando uma ligação urgente, configure para toque vibratório e peça desculpas ao atender ao telefone.

- Não utilize celulares em palestras, elevadores, bibliotecas, museus, restaurantes, teatros, salas de espera, missas, cultos etc., nem dentro de ônibus, trens ou outros locais públicos fechados.

- Não fale ao celular enquanto realiza negócios pessoais, como transações bancárias.

- Fale brevemente.

- Use um fone de ouvido em locais barulhentos para que possa ouvir e controlar o volume de sua própria voz.

---

[1] Como é o caso do Brasil. (N.R.T.)

- Informe à pessoa que ligou que está falando de um celular para que não se surpreenda caso a ligação caia.

- Não configure um toque muito alto ou perturbador.

## Falando ao telefone

### Identifique-se

Por não poder ser visto, seu primeiro passo em qualquer conversa ao telefone é cumprimentar a outra pessoa e se apresentar. Mesmo que ela tenha um identificador de chamadas, pode não reconhecer o número de seu telefone. Dessa forma, ainda é necessário se identificar. Se não fizer isso imediatamente, a conversa pode se tornar confusa para o ouvinte, que ainda está tentando descobrir com quem está falando.

### Seja cortês e atencioso

A cortesia e a atenção são elementos básicos de conversas telefônicas eficazes. A cortesia transmite seu interesse e respeito pela pessoa com quem está falando. A atenção é necessária para escutar de forma eficiente e manter uma boa comunicação.

A cortesia pode ser transmitida pelas palavras e pelo tom de voz. Se for uma ligação de negócios, faça solicitações de forma educada. Mantenha um tom de voz agradável e amigável para que o ouvinte saiba que você deseja ajudar.

A atenção é especialmente importante ao falar ao telefone. É fácil se distrair com tudo à sua volta ou ao realizar outras tarefas simultaneamente, já que a outra pessoa não pode ver que sua concentração foi desviada. Para transmitir interesse, você não pode recorrer à linguagem corporal como faria em uma comunicação frente a frente. Dessa forma, deve utilizar a voz para indicar que está prestando atenção. Por exemplo, em vez de concordar balançando a cabeça, você pode dizer "entendo..." ou "certo". Se o conteúdo da ligação for importante, faça anotações, elas irão ajudá-lo a ter certeza de que entendeu de forma completa e precisa a mensagem.

> Ele tinha momentos ocasionais de silêncio que tornavam a sua conversa um prazer.
>
> SYDNEY SMITH, CLÉRIGO E ESCRITOR DO SÉCULO XIX

## Gary Locke

Criado nos conjuntos habitacionais de Seattle, em Washington, Gary Locke não sabia falar inglês até entrar para o jardim de infância. Em sua casa, com seus pais, irmãos e irmãs, falava chinês. Hoje, Gary é o primeiro governador sino-americano nos Estados Unidos. "A família tem muito orgulho. Este é realmente o sonho americano", afirmou Locke.

Há mais de 100 anos, o avô de Locke foi para os Estados Unidos e trabalhou como um criado em Olympia, em Washington, antes de retornar à China. O pai de Locke emigrou para os Estados Unidos, lutou pelo Exército americano durante a Segunda Guerra Mundial e se estabeleceu em Seattle. Gary é o segundo de cinco filhos criados em um conjunto habitacional para veteranos de guerra. Seus pais possuíam uma pequena mercearia que permanecia aberta todos os dias. Para se ocupar, Locke fez parte do grupo de escoteiros e se tornou um *Eagle Scout* aos 14 anos de idade. Ele atribui a ascensão a governador de Washington à sua educação. "A educação é o maior equalizador", disse ele na noite em que foi eleito. Locke pagou seus estudos com financiamentos escolares, bolsas de estudos e trabalhos temporários. Terminou a faculdade de direito e então voltou para Washington.

Sua família esperava que se tornasse advogado ou médico, mas Gary entrou para a política. A família ficou desapontada, mas foi seu principal apoio quando se candidatou a deputado estadual de Washington. Trabalhou 11 anos no Poder Legislativo e três anos no Poder Executivo do Condado de King antes de ser eleito governador em 1996 e reeleito em 2000. Locke viveu na mansão do governador em Olympia, a capital de Washington, a menos de dois quilômetros da casa onde seu avô trabalhou como criado.

**Fontes:** Our Governor, site do Estado de Washington, disponível em: <http://www.governor.wa.gov/>, acesso em: 6 mar. 2003; Donahue, Bill; Campbell, Don; Kelley, Tina. American tale: Washington governor Gary Locke explores his roots in Jilong, China. *People*, 24 nov. 1997, p. 169-70; Egan, Timothy. The 1996 elections: the States – the governors; Chinese roots of winner delight the pacific rim. *New York Times*, 7 nov. 1996, p. B8; Zimmerman, Rachel. Chinese village swells with pride as Washington governor seeks his roots on a pilgrimage. *New York Times*, 12 out. 1997, p. A14.

## Falando para grupos

Muitas pessoas ficam bastante à vontade quando falam ao telefone com alguém, mas acham difícil falar para grupos. No entanto, como muitas de nossas atividades são grupais – atividades sociais, educacionais e no trabalho –, é importante aprender a falar bem nesse tipo de situação. Você passa a maior parte do tempo conversando informalmente ao participar de atividades em grupo. Ocasionalmente, pode ser que lhe peçam para fazer uma apresentação a um grupo.

## Falando informalmente em um grupo

Seja uma organização profissional, um comitê ou uma reunião com colegas de trabalho, as chances são de que, no mínimo, uma vez por dia você tenha de se comunicar em grupo. As pessoas que falam bem em público têm uma grande influência sobre as ações do grupo. Bons oradores são geralmente bem preparados, assertivos e amigáveis.

### Esteja preparado

A preparação é o primeiro pré-requisito para a participação eficiente em grupos. Ninguém consegue falar bem a menos que conheça os tópicos em discussão. Para preparar-se para discussões em grupo, você deve estar bem informado sobre os assuntos que podem surgir, prestando atenção aos noticiários e lendo publicações de todos os tipos.

Antes das reuniões, a pessoa responsável distribui a pauta ou o cronograma. Com isso em mãos, estude e pesquise mais sobre os itens que não conhece bem. Se não possuir um cronograma ou uma pauta, tente descobrir quais assuntos serão discutidos antes da reunião.

### Seja assertivo

Você pode estar totalmente preparado, mas, se não falar, não contribuirá para os esforços do grupo. Falar a um grupo exige assertividade, autoconfiança e determinação para fazer que suas opiniões sejam ouvidas. Para ser assertivo, você deve acreditar que realmente tem algo importante a dizer e estar confiante em sua própria habilidade de contribuir para o grupo.

A assertividade também significa que deve conseguir o equilíbrio entre seu próprio direito de ser ouvido e o direito de expressão dos outros. Um bom comunicador fala, mas também cede lugar para que outra pessoa fale. Ser assertivo não significa monopolizar a discussão.

### Seja educado

Geralmente há tantas opiniões quanto pessoas em um grupo. Então é importante, ao expressar uma opinião, falar diplomaticamente. Mesmo quando você acha que os outros estão errados, deve reconhecer que eles têm o direito de ter suas próprias opiniões antes de expressar suas ideias.

## Fazendo uma apresentação

Ao fazer uma apresentação, você é o orador e os ouvintes são seu público. As pessoas que normalmente são mais descontraídas e abertas ao se comunicar podem ficar ansiosas ao fazer uma apresentação. Quem faz apresentações eficientes, no entanto, aprendeu a apresentar a mesma personalidade que demonstra nas conversas frente a frente.

É normal sentir ansiedade nas apresentações. É possível, porém, minimizá-la seguindo diversas sugestões básicas. Prepare o discurso com antecedência, tente estabelecer uma ligação com seu público e seja você mesmo.

### Prepare sua apresentação

Oradores eficientes estão sempre preparados. Não importa qual seja o assunto ou o público, planejam suas apresentações com antecedência e sabem quais informações desejam passar e de que forma o farão. Assim como os oradores eficientes fazem, siga estes passos básicos ao preparar apresentações:

1. Pense em seu público e no ambiente. Trata-se de um público jovem ou mais velho, experiente ou inexperiente, homens ou mulheres? O ambiente é formal ou informal? As respostas a essas perguntas irão ajudá-lo a montar sua apresentação.

2. Defina sua mensagem. Pense sobre seus objetivos e inclua apenas informações que apoiem os objetivos escolhidos. Lembre-se de que as pessoas não conseguem assimilar muita informação de uma só vez. Portanto, mantenha sua apresentação o mais simples possível. Geralmente são suficientes três pontos principais ou menos.

3. Prepare material de apoio. Você pode reforçar o impacto de sua mensagem organizando um material audiovisual que a enriqueça. Softwares para apresentações como o PowerPoint facilitam a produção de materiais de apoio com uma qualidade bastante profissional.

4. Ensaie. Simule sua apresentação algumas vezes. Em seguida, encontre uma plateia, ainda que seja apenas uma pessoa. Faça a apresentação e peça um *feedback*.

### Identifique-se com seu público

Os oradores que confiam fundamentalmente na importância dos fatos e números para chamar a atenção de seu público geralmente falham, pois as pessoas se identificam com oradores com os quais sentem empatia. Um bom orador faz uma apresentação relevante e importante para o público tanto em termos de mensagem quanto ao modo como é transmitida.

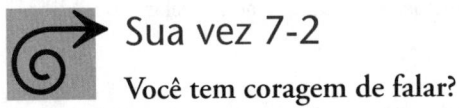

## Sua vez 7-2
### Você tem coragem de falar?

*Objetivo*: Saber com que frequência você geralmente se envolve nas conversas com outras pessoas em momentos-chave pode ajudá-lo a entender a eficácia de sua habilidade de fala.

Passe um dia prestando atenção no número de grupos com os quais interage e no número de vezes que o faz. Se houver oportunidade, fale em cada situação de grupo que houver. Faça um registro dessa informação.

Após registrar um dia de suas interações com grupos, responda às seguintes perguntas:

1. Você falou em todos os grupos em que participou?
   Caso não tenha falado, por quê?

2. Você achou mais fácil falar em alguns grupos do que em outros?
   Em caso positivo, por quê?

---

Se você considerar o público e o ambiente antes de preparar sua apresentação, as chances são de que sua mensagem seja significativa para seus ouvintes. Por exemplo, suponha que esteja falando sobre a última versão de um *browser*. Seu público é composto de programadores experientes ou usuários de computadores? Sua apresentação será muito diferente para cada um desses públicos.

Sua apresentação também será mais eficaz se conseguir se identificar com o público conforme transmite sua mensagem. Dirija-se a ele, fale com as pessoas e não para elas. Estimule-as a participar fazendo perguntas, recordando-se de eventos e gente conhecida e fazendo que usem a imaginação. Se o grupo for pequeno, o público pode participar de forma ativa. Se o grupo for grande, você pode fazer que as pessoas participem mentalmente.

**Seja você mesmo**

Oradores verdadeiramente eficientes levam essas sugestões a um patamar mais elevado, transmitindo algo sobre eles mesmos como indivíduos. Eliminam a máscara formal e permitem que as pessoas os vejam como realmente são. Para ser um orador convincente, você deve estar disposto a se abrir e a se revelar ao público.

 ## Elementos de excelência

Depois de ler este capítulo, você:

- conheceu quais características do discurso precisa levar em conta para desenvolver suas habilidades de fala;
- adquiriu conhecimentos que melhorarão suas habilidades de fala por meio de preparação e prática;
- entendeu por que o telefone cria desafios para transmitir suas mensagens;
- aprendeu a superar a ansiedade e agitação diante de um discurso ou apresentação pública.

---

## Atualize-se

Há muitos sites na internet com informações sobre habilidades de fala. A seguir, apresentamos alguns para que você inicie suas pesquisas[2].

- http://bartleby.com. O Columbia Guide to Standard American English é um trabalho de consulta disponível no Bartleby.com.

- http://www.americandialect.org. Se quiser adquirir mais conhecimentos sobre dialetos americanos, inclusive o *black english*, visite o site da American Dialect Society.

- http://www.eslcafe.com. O Dave's ESL Café é um site abrangente de interesse para quem tem o inglês como segunda língua. Seu mecanismo de busca oferece fontes para pesquisa sobre habilidades de fala.

- http://www.toastmasters.org. A Toastmasters, organização mundial dedicada à melhoria das habilidades para apresentações orais, possui um site com informações sobre como falar a grupos.

Você também pode fazer pesquisas utilizando palavras-chave como *habilidades de fala, medo de falar em público, qualidades do orador, discurso e apresentação auidovisual, treinamento de voz, bilinguismo* (ou um idioma específico) e *apresentação oral*.

---

[2] Consulte o site do professor Reinaldo Polito www.polito.com.br. (N.R.T.)

Responda às seguintes perguntas em seu diário.

1. Se pudesse contratar um fonoaudiólogo, qual aspecto de sua fala você gostaria de melhorar ou mudar? Que benefícios essa mudança lhe traria?

2. Descreva alguém que você conheça que tenha boas habilidades de fala. O que faz dela uma pessoa tão qualificada?

3. Que papel o telefone representa em sua vida? Se você usa um celular, quais mudanças ele causou em seu comportamento?

4. Pelas estatísticas, o medo de fazer um discurso está em primeiro lugar, juntamente com o medo de cobras. Se você fica muito ansioso antes de uma apresentação pública, o que pode fazer para reduzir o estresse? Considerando o que aprendeu neste capítulo, quais estratégias deve tentar adotar no futuro?

# O PODER DAS
# INTERAÇÕES PESSOAIS

*capítulo 8*

ocê já observou atores, diretores e outras celebridades do cinema agradecerem a um Oscar por seu trabalho? Nove entre dez ganhadores do Oscar são gratos às pessoas – pais, cônjuges ou colegas – que tornaram seu sucesso possível. Aqueles que levam vidas plenas e bem-sucedidas têm enorme respeito e apreço pelos outros. Entendem que os bons relacionamentos com todos à sua volta são importantes para seu bem-estar. Os indivíduos que alcançam seu potencial são capazes de formar e manter bons relacionamentos com seus familiares, amigos, colegas de trabalho, clientes e vizinhos.

Ao começarem a trabalhar, percebem que não é mais possível se relacionar somente com as pessoas de que gostam. Em vez disso, é necessário conviver com todos os tipos de indivíduos, gostando deles ou não. Você pode se surpreender ao descobrir que a maioria dos funcionários demitidos de seus cargos não é dispensada por apresentar um mau desempenho. São demitidos por não conseguirem conviver com seus colegas ou lidar com os clientes.

Neste capítulo, você aprenderá que manter relacionamentos positivos e eficientes com as pessoas que o cercam significa encontrar um equilíbrio entre as suas ne-

> Se você não se preocupar com os outros, quem irá se preocupar com você?
>
> WHOOPI GOLDBERG, ATRIZ

cessidades e as delas. Isso implica seu comprometimento com valores éticos. Além disso, descobrirá o que é importante para você e para os outros e como se relacionar com eles. Obterá ainda conhecimentos sobre como conseguir *feedbacks* daqueles que o cercam. Saberá também como lidar com o conflito e a raiva de forma produtiva.

## COMEÇANDO POR VOCÊ MESMO

Que tipo de pessoa você é? Como os outros o veem? Seus valores, suas atitudes, crenças e emoções são a base de sua singularidade. A maneira como age perante esses estados mentais determina como as pessoas reagem a você.

### Autoconfiança

Conforme visto anteriormente, as pessoas com uma boa autoconfiança conhecem seu próprio valor. Creem em sua habilidade de influenciar os acontecimentos e se aproximam de novos indivíduos e diferentes desafios com firmeza. Quando há segurança em si mesmo, é fácil acreditar nos outros. Reconhece que eles são tão importantes e únicos quanto você. A tranquilidade interior existente na autoconfiança mostra que você não se sente ameaçado por todos que o cercam.

### Confiança, respeito e empatia

A boa convivência com outros indivíduos depende de você. Um bom relacionamento é construído sobre valores de confiança, respeito e empatia.

- Confiança significa que você pode contar com o outro, e ele com você.
- Respeito significa que você valoriza a outra pessoa, e ela o valoriza.
- Empatia significa que vivencia os sentimentos e pensamentos do outro como se fossem seus.

Quando existem confiança, respeito e empatia entre os seres humanos, há harmonia, que é a essência dos bons relacionamentos. Manter uma boa comunicação pode estabelecer e melhorar a harmonia entre os indivíduos. No entanto, uma comunicação ruim pode facilmente atrapalhar essa afinidade. Aqueles que valorizam a confiança, o respeito e a empatia são comunicadores cautelosos. Evitam comentários sarcásticos, humilhantes e degradantes que podem acabar com a relação.

## Assertividade

Confiança, respeito e empatia demonstram uma preocupação com os sentimentos e direitos dos outros. A assertividade mostra que você compreende também a importância de seus próprios direitos e sentimentos. Suponha que alguém lhe peça para liderar um comitê de arrecadação de fundos para o grupo do bairro. No entanto, você não se sente à vontade para pedir dinheiro aos outros e não tem tempo livre. Se for uma pessoa passiva, concordará em liderar o comitê mesmo que seja uma tarefa desagradável e inconveniente. No entanto, se for uma pessoa agressiva, dirá aos berros que tem mais o que fazer. Dessa forma, estaria impondo sua vontade, mas passando por cima dos sentimentos alheios. No entanto, se for uma pessoa assertiva, recusará educadamente a tarefa.

> Precisão de comunicação é importante... nesta época de comportamentos politicamente corretos em que uma palavra errada ou mal-interpretada pode desencadear tanta confusão quanto um ato repentino impensado.
>
> JAMES THURBER, HUMORISTA AMERICANO

### Construindo uma comunicação assertiva

Como você pode ser assertivo, dizer não ou discordar dos outros – e fazer isso com educação? Tente construir sua resposta usando estas sentenças-chave: (1) "Eu sinto", (2) "Eu desejo" e (3) "Eu quero". Veja um exemplo: "Não me sinto à vontade para pedir dinheiro às pessoas, mas gostaria de apoiá-los mesmo não dispondo de tempo livre. Ficaria feliz em poder ajudar em algum outro comitê futuramente". Note que essa resposta enfatiza os pensamentos e sentimentos de quem fala, mas também demonstra confiança, empatia e respeito pelo receptor, valorizando as necessidades de ambos.

### Alcançando o equilíbrio entre passividade e agressividade

Para muitos, alcançar um bom equilíbrio entre suas próprias necessidades e as dos outros é muito difícil. Mas, para algumas pessoas, o problema é não serem muito assertivas. Não se sentem suficientemente dignas de atenção ou não creem que têm direitos ou que seus sentimentos sejam importantes. A verdade é que ter um comportamento passivo geralmente gera ressentimentos e infelicidade. Quando você não consegue entender que seus direitos e sentimentos importam, acaba enganando a si próprio. Nesse caso, os outros vencem, mas você perde.

Outras pessoas têm problemas em diferenciar um comportamento assertivo de um agressivo. Impõem sua vontade de forma tão hostil e exacerbada que criam problemas para si mesmas. Pessoas agressivas tendem a repelir aqueles à sua volta. Assim, todos sofrem e perdem.

A assertividade fica entre o comportamento passivo e o agressivo. É preciso ponderar e praticar muito para desenvolver a assertividade. Ao ser assertivo, você é capaz de compartilhar seus sentimentos de forma clara, positiva e amigável. Não é excessivamente educado ao ponto de as pessoas compreenderem mal sua mensagem, mas também não é demasiadamente rude de modo a fazer que se sintam atacadas. Sendo assim, você vence, e os outros também.

A assertividade é uma habilidade que pode ser aprendida. Muitas empresas acreditam que essa qualidade é tão importante que oferecem treinamento sobre técnicas de assertividade.

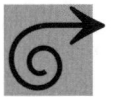 ## Sua vez 8-1
### Tênue limite entre a assertividade e a agressividade

*Objetivo*: Este exercício irá ajudá-lo a entender quando está mais propenso a reagir de forma assertiva ou agressiva.

Pense por um instante em uma situação em que tenha reagido passivamente e acabou tendo de fazer algo que realmente não queria, ou em uma situação na qual tenha reagido de forma agressiva e, por isso, envolveu-se em alguma discussão.

1. Descreva a situação.
2. Como você reagiu?
3. O que você poderia ter feito para defender seus direitos e sentimentos sem prejudicar a outra pessoa?
4. Reformule sua resposta utilizando o modelo das três etapas: "Eu sinto", "Eu desejo" e "Eu quero".

## CONSIDERE SEUS VALORES ÉTICOS

Muitos de seus valores são os mesmos da sociedade em geral, e muitos dos comportamentos que nossa sociedade considera errôneos também são contra a lei. Quando os indivíduos infringem a lei, são punidos. Por exemplo, roubar é tanto antiético quanto ilegal.

As pessoas, porém, também têm crenças sobre o que é certo e errado, atitudes não punidas pela lei. Por exemplo, mentir é antiético, mas não necessariamente ilegal. Se você valoriza a honestidade, não mente, sua consciência fica limpa e, consequentemente, sente-se bem consigo mesmo.

Todos nós guardamos um conjunto de valores éticos que tentamos seguir. Você pode, por exemplo, valorizar a honestidade e a lealdade. Faz o melhor para se comportar de forma a refletir esses valores, e sua conduta ética torna-se parte de seu caráter.

> Cuidado com seus pensamentos; eles se transformam em palavras. Cuidado com suas palavras; elas se transformam em atitudes. Cuidado com suas atitudes; elas se tornam hábitos. Cuidado com seus hábitos; eles moldam seu caráter. Cuidado com seu caráter; ele determina seu destino.
>
> FRANK OUTLAW, ATOR

Os empregadores têm expectativas sobre a conduta ética de estagiários e funcionários. No trabalho, esperam que seus funcionários produzam com honestidade em troca de salário. Além do contrato básico, os funcionários devem se comportar de forma honesta em dezenas de situações do dia a dia no local de trabalho. Levar produtos para casa, roubar suprimentos, usar o telefone da empresa para ligações de longa distância e usar o computador em que trabalha para navegar na internet são exemplos de comportamentos antiéticos.

Ao lidar com questões éticas, você pode se comportar facilmente de acordo com seus próprios valores quando a situação for somente a seu respeito. Por exemplo, pode desistir de levar materiais do escritório para casa sem dificuldade. Sua percepção de certo e errado, porém, pode não ser a mesma para seus amigos e chefes. Na verdade, a maioria das pessoas não pensa muito sobre o que é correto e o que não é, até que haja um conflito entre seus valores e os dos outros. Quando um conflito ético envolve outros indivíduos, é necessário decidir o que fazer.

Quando tiver um problema ético que envolva outras pessoas, reflita sobre a situação. Antes de qualquer coisa, pergunte a si mesmo que efeito sua ação terá sobre as outras pessoas e sobre você mesmo. Às vezes, é preciso coragem para defender aquilo que acreditamos ser o correto.

## AJUDE AS PESSOAS

O segredo para conseguir conviver em grupo é tratar os outros com a mesma educação e respeito que gostaria de ser tratado. No entanto, é claro que fazer isso nem sempre é fácil. Por exemplo, as pessoas geralmente têm dificuldade para se comunicar com aquelas que são de raça ou origens étnicas diferentes. Os sentidos que os indivíduos atribuem ao uso da língua, a expressões faciais e gestos diferem de cultura para cultura, e os desentendimentos podem ser frequentes. Para superar as barreiras culturais, é importante estar aberto a diferentes estilos de vida e ter cuidado ao se comunicar. Não presuma que os outros o tenham compreendido completamente e nem que você tenha entendido a outra pessoa inteiramente.

 Dicas

Mesmo reconhecendo que cada pessoa é diferente, é preciso ter em mente que todos têm muito em comum. Há esperanças, medos e emoções básicas compartilhados por todos. Entender esses sentimentos humanos e demonstrar empatia pelos outros é a base para bons relacionamentos. Corra o risco de perguntar ao indivíduo com quem está conversando o que ambos têm em comum.

---

### Do que as pessoas precisam?

A qualidade da empatia é a base para boas habilidades de relacionamentos humanos. Ser capaz de imaginar o que o outro sente, pensa e do que precisa significa que você está apto para interagir de forma inteligente e atenciosa. Quando os indivíduos sentem que você está em sintonia com as necessidades deles, reagem de forma positiva.

Durante a rotina do dia, você pode encontrar muitas pessoas, todas com sua individualidade, com as quais deve interagir de forma positiva. Como entender a confusa diversidade de emoções, pensamentos e necessidades daqueles com quem você depara? É de grande ajuda pensar nessas necessidades em termos de hierarquia, conforme mostra a Figura 8.1. O psicólogo Abraham Maslow propôs que os indivíduos são motivados por diferentes níveis de necessidade, dependendo das circunstâncias.

Figura 8.1 – A hierarquia de necessidades proposta por Maslow fornece uma maneira de pensar sobre as necessidades humanas. Em geral, as pessoas tentam satisfazer as necessidades de nível mais alto antes daquelas de nível mais baixo.

Pessoas que não têm um lar, por exemplo, têm necessidades básicas de sobrevivência: precisam encontrar alimento ou morrerão de fome. Uma vez que a fome estiver satisfeita, podem pensar na segurança pessoal. Quando a necessidade de segurança estiver sanada, é possível tratar de satisfazer a necessidade de amor e relacionamento com os outros. Ao se sentirem seguras com esses relacionamentos, têm condições de se concentrar em satisfazer as necessidades de êxito, competência e autorrespeito.

Quando se sentem saudáveis, seguras, queridas e capazes, tentam satisfazer as necessidades de nível mais alto – o que Maslow denomina de realização pessoal (e o que temos chamado de "atingir seu potencial"). A realização pessoal é alcançada quando as pessoas estão satisfeitas com todos os aspectos de sua vida. São poucas que conseguem uma realização pessoal completa e duradoura. Ocasionalmente, vivenciamos picos nos quais temos momentos de perfeita felicidade ou realização. Esses sentimentos podem ser gerados com a criação de uma obra-prima, o despertar de uma paixão, a participação de uma corrida ou o nascimento de um filho. Infelizmente, esses picos não duram muito.

Maslow não viu sua hierarquia de necessidades de forma rígida. Em outras palavras, as pessoas nem sempre as enfocam de forma sequencial. Eventualmente, enfatizam aquelas de nível alto mesmo quando as de nível baixo não estão completamente satisfeitas. Por exemplo, os pais podem satisfazer as necessidades de seus filhos em detrimento das suas ou os bons samaritanos negligenciam sua própria segurança pessoal para ir ao socorro de alguém carente. Ainda que as pessoas nem sempre supram suas necessidades em uma ordem hierárquica, o modelo proposto por Maslow é útil quando se está tentando descobrir as motivações de alguém ou para estabelecer metas.

## Como você se relaciona com os outros?

Um outro modo de pensar sobre as relações humanas é concentrar-se na dinâmica do próprio relacionamento, e não nas necessidades de cada um. Ao conhecer alguém, tendemos a ser cuidadosos e reservados quanto aos nossos sentimentos. À medida que revelamos mais sobre nós mesmos, a confiança e a empatia são desenvolvidas. A outra pessoa também abaixa a guarda e se mostra mais aberta. Gradualmente, o relacionamento é aprofundado, tornando-se mais íntimo. A qualidade de um relacionamento depende do grau de confiança e franqueza mútuas.

### Janela de Johari

Uma forma de esquematizar o efeito do conhecimento e entendimento mútuo de um relacionamento é utilizar a janela de Johari (Figura 8.2). A composição da palavra Johari tem origem nos nomes de seus inventores, Joseph Luft e Harrington Ingham. Trata-se de um quadrado com quatro seções, cada uma representando informações conhecidas e desconhecidas por você e por outras pessoas.

*Área Conhecida/Aberta.* A primeira seção da janela de Johari representa a parte do relacionamento caracterizada por franqueza, compartilhamento de informações e compreensão mútua. Nessa seção, há questões conhecidas por você e por outras pessoas. Quanto mais íntima e produtiva torna-se a relação, maior fica essa seção. Se desenhar uma janela representando seu relacionamento com um amigo próximo, essa seção será grande. No entanto, será pequena se utilizá-la para representar seu relacionamento com um professor ou chefe. Se for tímido, essa seção pode ser pequena para a maioria de seus relacionamentos.

*Área Cega.* A segunda seção contém informações, sentimentos e comportamentos conhecidos por outras pessoas, mas não por você. Essa seção é também chamada de ponto cego. As questões desconhecidas incluem suas manias irritantes (que talvez desconheça) ou as motivações ocultas de outra pessoa. Tudo que for desconhecido por você em um relacionamento é um obstáculo. Portanto, quanto maior for essa seção, menos eficiente você estará sendo dentro da relação.

## Armadilhas

O desafio da área cega exige uma importante atenção adicional. Sua área cega é potencialmente aquilo que o impede de seguir adiante na carreira e construir relacionamentos eficientes com amigos e companheiros. Dedique um tempo para perguntar aos outros o que consideram que seja sua área cega... e esteja aberto aos *feedbacks*. Pode aprender que aquelas áreas que pensava serem mais interessantes para os outros estão, na verdade, mantendo-o afastado deles e impedindo-os de se aproximar.

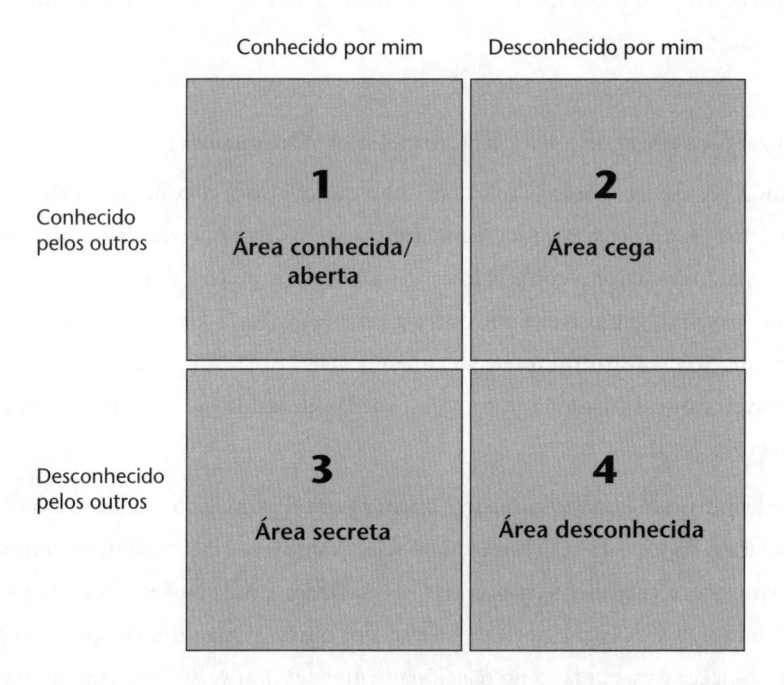

**Figura 8.2** – A janela de Johari é uma forma de esquematizar a quantidade de conhecimento compartilhado e não compartilhado em um relacionamento. Quanto mais conhecimento compartilhado houver (1º quadrado), mais abertura e confiança haverá no relacionamento.

***Área Secreta.*** A terceira seção da janela de Johari também limita sua eficiência em um relacionamento, mas de uma maneira diferente. Representa tudo o que você sabe e que os outros não sabem. Essas informações, desconhecidas pelos outros, compõem sua área oculta. Em uma análise superficial, pode parecer melhor para você ter conhecimento de informações que o outro desconhece. Se seu objetivo é o poder, talvez isso seja verdade. No entanto, se a área oculta se tornar muito ampla, pode impedir que haja franqueza (a primeira seção da janela de Johari), e o relacionamento sofre com a falta de confiança e afinidade. Então, por exemplo, se lhe pedirem para mostrar a um colega de trabalho como realizar alguma tarefa e você não revelar informações essenciais, seu colega pode falhar e você pode parecer competente. Entretanto, em longo prazo, o que fez foi criar uma situação no relacionamento em que há pouca confiança e cooperação.

***Área Desconhecida.*** A quarta seção da janela de Johari contém as questões que ambas as pessoas desconhecem. Incluem informações sobre o contexto do relacionamento, o disfarce psicológico de cada indivíduo, traços de personalidade, potencial criativo e assim por diante. À medida que o relacionamento evolui, o tamanho dessa seção diminui.

### Utilizando a janela de Johari para melhorar os relacionamentos

Como você deve ter percebido, o tamanho das quatro seções da janela de Johari não é fixo. Conforme o relacionamento evolui, as linhas verticais e horizontais que separam os fatores conhecidos e desconhecidos podem se movimentar. Em outras palavras, é possível fazer que a primeira seção, a área conhecida/aberta, aumente para construir um relacionamento mais eficaz. Ao permanecer aberto e confiável, compartilhando informações, você pode reduzir o tamanho de sua área secreta (seção 3).

Além disso, é possível aumentar a área aberta diminuindo sua área cega. Para isso, faça uma introspecção honesta, ou seja, examine seus sentimentos e comportamentos para entender suas próprias necessidades e motivações. Outra maneira de diminuir a área cega é pedir o *feedback* dos outros. Quais informações eles podem fornecer para ajudá-lo no relacionamento? Utilizar o *feedback* para diminuir a área cega exige cooperação por parte da outra pessoa. O grau de cooperação que obtiver dependerá em parte de sua própria disposição em compartilhar e se abrir.

## Feedback NOS RELACIONAMENTOS

Fornecer e receber *feedbacks* permite que o relacionamento cresça e evolua. O que define, em grande parte, se o relacionamento é saudável ou complicado é sua habilidade em fornecer *feedbacks* de maneira não ameaçadora e recebê-los com tranquilidade, sem se deixar abalar. Obviamente, alguns *feedbacks* são positivos. Faz bem fornecer e receber declarações e elogios, e a maioria de nós precisa deles. Lidar com *feedbacks* negativos é muito mais difícil.

## Sua vez 8-2

### Esquematize dois relacionamentos

*Objetivo*: A janela de Johari nos mostra uma noção estimulante sobre como nossos relacionamentos podem fornecer informações acerca de nós mesmos e sobre como os valorizamos. Utilize a janela de Johari apresentada a seguir para esquematizar dois relacionamentos. Use a primeira janela para modificar seu relacionamento com seu cônjuge, namorado ou amigos. Empregue a segunda janela para mudar seu relacionamento com um colega de curso, de trabalho ou um familiar.

| | Conhecido por mim | Desconhecido por mim |
|---|---|---|
| Conhecido pelos outros | **1** Área conhecida/aberta | **2** Área cega |
| Desconhecido pelos outros | **3** Área secreta | **4** Área desconhecida |

| | Conhecido por mim | Desconhecido por mim |
|---|---|---|
| Conhecido pelos outros | **1** Área conhecida/aberta | **2** Área cega |
| Desconhecido pelos outros | **3** Área secreta | **4** Área desconhecida |

## Fornecendo *feedbacks*

O *feedback* é parte de um ciclo de comunicação que permite que haja franqueza, confiança e conhecimento mútuos necessários para relacionamentos eficientes. Como vimos na janela de Johari, quanto maior for a área de conhecimento mútuo, mais eficiente será o relacionamento. Fornecer *feedback* é um modo de aumentar aquilo que se sabe sobre o relacionamento.

É necessário ter habilidade para dar *feedback* negativo de modo a ajudar a outra pessoa. Ela deve se sentir respeitada e valorizada, não humilhada. Então, ao fornecer *feedbacks*, é importante se mostrar calmo, atencioso e solidário. Deve aceitar a outra pessoa sem julgá-la e direcionar suas críticas ao comportamento e não à personalidade. Por exemplo, se os pais criticam o comportamento dos filhos, dizendo que foram maus, eles podem se sentir humilhados e desprezados. No entanto, se fornecerem *feedbacks* específicos sobre o mau comportamento – como "É falta de educação interromper" –, a autoestima da criança permanece intacta e ela saberá como deve se comportar no futuro.

Ao fornecer *feedbacks* em um relacionamento, lembre-se do seguinte:

- Compreenda os seus próprios sentimentos e motivações.
- Seja receptivo e não julgue o outro.
- Seja sensível à resistência da outra pessoa. A pressão não funciona em longo prazo.
- Critique um comportamento específico, não a personalidade.
- Dê *feedbacks* apenas sobre aquilo que a outra pessoa pode mudar. Se houver algo que não pode ser melhorado, não vale a pena discutir sobre isso.
- Não diga aos outros o que devem fazer.

## Recebendo *feedback*

Mais difícil do que fornecer críticas construtivas é receber *feedbacks* negativos. Nossa primeira reação geralmente é ficar na defensiva. Em vez de ficarmos abertos à crítica, reagimos protegendo nossa autoconfiança.

## Quem você pensa que é? Depende de...

Suas origens culturais influenciam todos os aspectos da vida. Algumas dessas influências são muito evidentes – por exemplo, os feriados que comemora. Outras, no entanto, são mais difíceis de ser notadas, porque envolvem a maneira como você pensa sobre si mesmo e sobre os outros. Um exemplo de como a cultura influencia a forma de as pessoas pensarem e se comportarem é a ideia que elas têm acerca de si mesmas.

Algumas culturas definem o *eu* principalmente como um indivíduo. Nelas, o indivíduo é visto como um ser independente, emocionalmente separado de grupos, inclusive de grupos familiares. As culturas centradas no indivíduo dão muito valor à autossuficiência e à competitividade. Isso lhe parece familiar? Deveria, pois a cultura dominante nos Estados Unidos é centrada no indivíduo.

Outras culturas definem o *eu* em relação ao grupo. Nelas, a identidade básica do indivíduo está intimamente ligada ao conjunto. Essas culturas valorizam a solidariedade, a preocupação com os outros e a cooperação. Culturas centradas no grupo incluem o Japão e outras nações do leste asiático, assim como México e outros países latino-americanos.

Pessoas provenientes de uma cultura centrada no indivíduo, como a dos Estados Unidos, consideram-se seres independentes, com limites claros entre elas e os outros. Já aquelas de culturas centradas no grupo, como Japão e China, se percebem como indivíduos interdependentes dentro do grupo.

Dessa forma, é possível notar que o modo como você se vê influencia a maneira como se relaciona com os outros. Lembre-se disso quando for pensar sobre seu relacionamento com as outras pessoas, especialmente aquelas cuja visão difere da sua. (Adaptado de Markus, Hazel R.; Kitayama, Shinobu. Culture and the self. *Psychological Review*, v. 98, n. 2, p. 226, 1991.)

**Fontes**: Bower, Bruce. Western notions of the mind may not translate to other cultures. *Science News*, v. 152, p. 248, 18 out. 1997; Shkodriani, Gina M.; Gibbons, Judith L. Individualism and collectivism among university students in Mexico and the United States. *Journal of Social Psychology*, v. 135, p. 765, dez. 1995.

## Protegendo a autoconfiança

A autoconfiança é tão importante para nosso bem-estar que acabamos desenvolvendo diversas maneiras de defendê-la. Esses processos, que reduzem a ansiedade e protegem nossa autoconfiança, são chamados mecanismos de defesa. Alguns mecanismos de defesa comuns são repressão, racionalização, deslocamento, fantasia e projeção. Não são prejudiciais a menos que venham a dominar nossas relações interpessoais.

*Repressão.* As pessoas, ao se sentirem ameaçadas, às vezes lidam com a ansiedade tentando evitar a situação que causou o estresse. A tentativa de escapar de *feedbacks* negativos é chamada de repressão. Aquelas que têm dificuldade para fornecer e receber *feedbacks* de relacionamentos com pessoas próximas geralmente preferem se reprimir. Separação, divórcio, demitir-se de um trabalho – são exemplos de repressão.

*Racionalização.* Outro modo de defender a autoconfiança é racionalizar, ou seja, explicar ou se desculpar em uma situação inaceitável de forma a torná-la aceitável para si mesmo. Racionalizar envolve a distorção da verdade para torná-la mais aceitável. Por exemplo, se você for criticado por esquecer de um cliente importante no trabalho, pode racionalizar dizendo que era responsabilidade de seu chefe lembrá-lo disso, quando, na verdade, a responsabilidade era sua.

*Deslocamento.* O deslocamento é um mecanismo de defesa que você utiliza para reagir a situações negativas, descontando em alguém a ansiedade e raiva geradas por outra pessoa. Por exemplo, se seu instrutor o critica na frente de toda a classe, pode ser que, ao voltar para casa, você brigue com sua irmã. Em geral, é menos provável que a pessoa escolhida como substituta possa ferir sua autoconfiança.

> Com o tom de voz certo, é possível dizer qualquer coisa. Com o tom errado, nada: a única parte delicada é o estabelecimento do tom.
>
> GEORGE BERNARD SHAW, DRAMATURGO E CRÍTICO IRLANDÊS

*Fantasia.* A fantasia é uma forma de repressão na qual os devaneios incentivam a autoconfiança quando a realidade oferece ameaça. Por exemplo, se lhe disserem que estará fora da equipe a menos que seu trabalho melhore, você pode fantasiar pensando que é indispensável para o grupo e para seu sucesso. De certa forma todos fantasiam; a fantasia torna-se um problema somente quando substitui a realidade.

**Projeção.** A projeção é um mecanismo de defesa pelo qual você atribui seus próprios comportamentos e sentimentos inaceitáveis a outra pessoa. Se for criticado por tratar mal um colega de trabalho, por exemplo, você pode projetar que ele foi rude com você.

### Lidando com *feedbacks* de forma positiva

Todos os mecanismos de defesa podem ajudar a manter nossa autoconfiança. Mas a que custo? As pessoas que estão sempre na defensiva encontram dificuldade em mudar e crescer. Seus relacionamentos são caracterizados pela falta de abertura e confiança. No entanto, aquelas que conseguem encarar os *feedbacks* negativos de forma construtiva têm a oportunidade de se desenvolver e crescer. Seus relacionamentos se tornam mais, e não menos, eficientes.

Como você pode lidar com *feedbacks* negativos de forma positiva? Aprender a aceitar *feedbacks* significa prestar menos atenção em como as críticas o fazem se sentir, e dar mais atenção àquilo que realmente está sendo dito. Se você se preocupar em se lembrar de que a crítica é uma informação que pode ajudá-lo, conseguirá lidar com ela de forma mais eficaz. Tente seguir as seguintes dicas para lidar com *feedbacks* negativos.

- Considere quem o está criticando. A pessoa está em uma posição que mostra que sabe do que está falando? Em caso negativo, não vale dar atenção a essa crítica. Em caso positivo, vale a pena escutar.

- A pessoa que o está criticando está nervosa por alguma outra razão? Em caso positivo, pode estar apenas descontando o nervosismo. Se estiver calma, então você deve prestar mais atenção.

- Peça informações específicas. Muitas pessoas criticam em termos gerais, o que não é de grande ajuda.

- Pense sobre o que ouviu. Dê tempo a si mesmo antes de reagir.

- Verifique se a crítica é apropriada. Em caso positivo, reflita sobre o que fará para mudar seu comportamento.

# CONFLITO

Deixe duas pessoas juntas por um período e elas, com certeza, discordarão em algo. O conflito pode acabar na hora em que forem ao cinema ou se a discussão puder ser moralmente justificada. Se não resolverem o problema, podem ficar frustradas e nervosas. Essa situação é tão comum que você pode chegar à conclusão de que o conflito é sempre uma experiência negativa. Entretanto, se for gerenciado adequadamente, pode ter resultados saudáveis e construtivos.

## O que causa o conflito?

Diferenças com relação a fatos, ideias, metas, necessidades, atitudes, crenças e personalidades; todos esses fatores causam conflitos. Alguns são simples e fáceis de resolver. Uma diferença de opiniões sobre um fato, por exemplo, normalmente não leva a uma batalha emocional. Conflitos de personalidades, valores, necessidades, crenças e ideias podem ser mais sérios. Geralmente causam frustração e raiva. As questões são mais básicas e podem apresentar um componente emocional que faz que a discordância seja uma ameaça. A menos que a raiva seja gerenciada de forma adequada, o conflito não é solucionado. Além disso, quando as pessoas sentem que o resultado do conflito é um reflexo de sua autoconfiança, pode ser prejudicial.

## Raiva

A raiva resultante de um conflito não resolvido é uma emoção poderosa. Pense na última vez que sentiu raiva. O que você fez? Disse à outra pessoa por que estava com raiva? Reagiu e respondeu irritado com mais alguma coisa? Ou reprimiu seus sentimentos? As pessoas expressam a raiva de diferentes formas.

### Expressando a raiva diretamente

Em geral, as pessoas expressam sua raiva diretamente. Se alguém o perturba, você fala, demonstra no olhar, insulta-o ou mesmo cola na traseira do carro dele na estrada. Obviamente, a expressão direta da raiva pode variar desde a assertividade até a agressividade e violência. A forma como os indivíduos expressam a raiva depende da personalidade e da extensão do sentimento provocado. Quem tem autoconfiança negativa geralmente têm uma propensão encoberta à hostilidade, que é facilmente despertada até mesmo pelo menor dos conflitos. Outros, mais seguros de sua autoconfiança, conseguem expressar a raiva de forma mais pacífica sem se tornarem agressivos.

### Expressando a raiva indiretamente

Outra forma de expressar a raiva é indiretamente. Em vez de confrontar aquele com quem está irritado, você direciona sua raiva contra outra pessoa que se mostra menos ameaçadora. Como esse processo é semelhante ao mecanismo de defesa de deslocamento, é comumente chamado por esse mesmo nome. Em muitas situações não é apropriado expressar a raiva por alguém. Suponha que você tenha acabado de começar seu próprio negócio e um de seus clientes insista em mudar de ideia sobre o que deseja o tempo todo. Você sente raiva porque ele está fazendo que desperdice seu tempo. No entanto, expressar sua raiva diretamente poderá resultar na perda de um cliente. Nesse caso, sua raiva encontra uma válvula de escape quando desconta em seu filho ou em um amigo.

### Interiorizando a raiva

O terceiro modo de lidar com a raiva é mantê-la guardada dentro de você. Muitos consideram a expressão da raiva um ato ameaçador, ruim e rude, e, portanto, interiorizam o sentimento. Infelizmente, o resultado é um crescente ressentimento. Como sua raiva não é expressa, não há como resolver o conflito, então ela cresce e piora.

### Controlando a raiva

Você pode minimizar o efeito destrutivo da raiva tentando controlá-la. Há diversas abordagens que podem ser adotadas.

- Não diga ou faça nada imediatamente. Em geral, é melhor se acalmar e se permitir um tempo para refletir. Contar até dez pode ajudar.
- Descubra o motivo da raiva. Às vezes a causa é algo que pode facilmente ser mudada ou evitada.
- Canalize-a praticando algum exercício físico. Até mesmo uma caminhada pode aliviar as tensões da raiva.
- Utilize técnicas de relaxamento, como respirar fundo, para tentar se acalmar.
- Encontre um amigo que possa ouvi-lo e oferecer sugestões construtivas.

## Resolvendo conflitos

Uma vez que sua raiva está sob controle, tente resolver o conflito que a provocou. A energia criada por ela pode ser canalizada para que o problema seja resolvido. Veja algumas sugestões.

> É a cólera dissimulada que faz mal.
>
> SÊNECA, FILÓSOFO, DRAMATURGO E ESTADISTA ROMANO

- Comprometa-se em resolver o problema que causou o conflito. Não decida por apenas manter a paz.

- Pergunte-se o que espera alcançar com a solução do problema. O importante é conseguir o que você quer ou seu relacionamento com a outra pessoa é mais importante? Suas prioridades influenciarão o modo como resolve o conflito.

- Certifique-se de que a outra pessoa tenha entendido a razão do conflito da mesma forma que você. Faça perguntas e realmente escute. Você pode se surpreender: alguns conflitos são resultados de mal-entendidos.

- Seja assertivo, não agressivo. Lembre-se de que a outra pessoa também tem direitos e sentimentos.

- Atente para os fatos. Ao discutir o problema, certifique-se de que tenha entendido a diferença entre fatos e sentimentos. Quanto mais você conseguir esquecer os sentimentos, melhores serão as chances de resolver o conflito.

 ## Sua vez 8-3

### Faça um inventário de reações da raiva

Algumas pessoas sentem raiva facilmente e outras mantêm a calma. Em qual categoria você se encaixa? Este exercício irá ajudá-lo a entender como a raiva influencia suas interações diárias.

Raymond W. Novaco, da Universidade da Califórnia, desenvolveu um inventário de reações da raiva, utilizado como base para o questionário a seguir. Considere os números 1, 2 e 3 para o grau de sua raiva.

|  | Muita Raiva | Pouca Raiva | Nenhuma Raiva |
|---|---|---|---|
| 1. Seu colega de trabalho comete um erro e coloca a culpa em você. | 1 | 2 | 3 |
| 2. Você está conversando com um amigo, e ele não responde. | 1 | 2 | 3 |
| 3. Você perde em um jogo. | 1 | 2 | 3 |
| 4. Um conhecido sempre fica se vangloriando. | 1 | 2 | 3 |
| 5. Seu chefe lhe diz que seu trabalho não está bom. | 1 | 2 | 3 |
| 6. Você está dirigindo em uma estrada e alguém corta a sua frente | 1 | 2 | 3 |
| 7. Em uma loja, o vendedor insiste em segui-lo e oferecer ajuda. | 1 | 2 | 3 |
| 8. Um carro passa por uma poça e o molha. | 1 | 2 | 3 |
| 9. Alguém desliga a TV enquanto você está assistindo a um programa. | 1 | 2 | 3 |
| 10. Enquanto você estuda, alguém fica tamborilando na mesa. | 1 | 2 | 3 |

Some os números que considerou em cada coluna. Então, faça a soma dos subtotais para obter o valor total.

Se sua pontuação foi:

- 10-15 Sente raiva com facilidade.
- 16-20 Fica irritado com certa facilidade.
- 21-25 Apresenta um nível moderado de raiva.
- 26-30 Não sente raiva com facilidade.

## Colin Powell

A história de Colin Powell é um clássico americano. Filho de imigrantes jamaicanos, Powell cresceu no bairro de South Bronx e estudou em escolas públicas de Nova York. Não era um aluno dedicado, mas seus pais o obrigavam a completar os deveres de casa todos os dias e a fazer o melhor possível. Como resultado, diz Powell, "Tive uma ótima educação".

Colin Powell foi um estudante mediano na faculdade também. De fato, o que mais o interessava era o programa militar ROTC[1] ao qual se integrou na faculdade da cidade de Nova York. "A disciplina, estrutura, camaradagem, noção de comunidade era o que eu almejava", disse ele. Após se formar em Geologia, Powell ingressou nas Forças Armadas.

Sua carreira como soldado durou 35 anos. Começou como segundo tenente e se aposentou como general quatro estrelas. Durante seus anos no Exército, realizou diversos trabalhos desde comandante de batalhão na Coreia até chefe do Estado-Maior, a mais alta patente das Forças Armadas. Powell foi o primeiro afro-americano e o homem mais novo a ser designado para essa posição, que assumiu durante a Guerra do Golfo, no início da década de 1990.

Após se aposentar da vida militar, Powell teve por duas vezes a oportunidade de concorrer à presidência. Recusou-se a disputá-la nas duas ocasiões, indicando que não tinha a paixão necessária para ser um político. Em 2001, o então presidente George W. Bush o nomeou como secretário de Estado, o primeiro afro-americano a conseguir essa posição. Nesse cargo, seu trabalho era cumprir as metas políticas dos Estados Unidos em outros países por meio da diplomacia.

Com tanta experiência de guerra, Powell entendia como a violência era terrível. "Os soldados sabem como é sentir medo na batalha – é por isso que odeiam a guerra e tentam evitar a violência", disse em uma entrevista com estudantes. "Sempre tentem evitar a violência, evitar conflitos. Tentem resolver os problemas com respeito mútuo e diálogo."

---

[1] Reserve Officers Training Corps (Corpo de Treinamento dos Oficiais da Reserva) (NR).

**Fontes**: Biography: Colin L. Powell, Secretary of State. U. S. Department of State, disponível em: <http://www.state.gov/r/pa/ei/biog/1349.htm>; Colin L. Powell. Thomson-Gale, disponível em <http://www.galegroup.com/free_resources/bhm/bio/powell_c.htm>; General Colin Powell: symbol of integrity walks moderate path. *ABC News*, disponível em: <http://abcnews.go.com/sections/politics/DailyNews/profile_powell.html>; Meet general Colin L. Powell: interview transcript. *Scholastic*, disponível em: <http://teacher/scholastic.com/barrier/powellchat/transcript.htm>; todos os acessos em: 13 mar. 2003.

Inicialmente, você pode encontrar dificuldades para controlar a raiva e abordar os conflitos de forma mais ponderada e racional. Praticando, você se sentirá mais à vontade para lidar com conflitos. Pode descobrir que resolver os problemas de forma eficaz é um modo de aprender mais sobre si mesmo e crescer, além de melhorar a qualidade de seus relacionamentos.

> A resposta delicada acalma o furor, mas a palavra dura aumenta a raiva.
>
> PROVÉRBIOS 15:1
> BÍBLIA

## Elementos de excelência

Depois de ler este capítulo, você:

- percebeu como seus valores pessoais influenciam a habilidade de se relacionar com os outros de maneira eficaz;
- descobriu do que as pessoas precisam para se sentirem importantes e o que pode fazer para ajudá-las;
- aprendeu como o uso da janela de Johari pode ensinar-lhe a respeito de relacionamentos e sobre seu papel dentro deles;
- compreendeu por que fornecer e receber *feedbacks* pode melhorar seus relacionamentos;
- aprendeu como reagir a conflitos e como gerenciá-los de forma eficaz.

## CAMINHO DA INFORMAÇÃO

## Atualize-se

A seguir, apresentamos alguns sites (em inglês) relacionados aos tópicos desenvolvidos neste capítulo.

- http://www.queendom.com. Você pode fazer um teste para verificar seu grau de assertividade em um site que tem como foco questões sobre a saúde das mulheres (os homens também podem fazer o teste).

- http://www.ethicsweb.ca. O site Ethics Web fornece links para fontes de pesquisa sobre ética na internet, incluindo alguns relativos à ética nos negócios.

- http://www.drdriving.org. Nesse site, é possível encontrar dicas sobre como lidar com a violência na estrada.

- http://www.acrnet.org. Se você tem interesse pelas diferentes abordagens para a solução de conflitos, entre no site da Association for Conflict Resolution.

Além disso, encontrará muitos sites utilizando uma ferramenta de busca com as seguintes palavras-chave: *assertividade, agressão, violência na estrada, ética, relacionamentos interpessoais* e *solução de conflito.*

## DIÁRIO

Responda às seguintes perguntas:

1. Descreva sua capacidade de convivência com as outras pessoas. Quais aspectos de seus relacionamentos gostaria de melhorar?

2. Explique seu código de ética. Quais valores éticos são mais importantes em sua opinião? Quais são os menos importantes? Por quê?

3. Descreva como foi o relacionamento mais bem-sucedido de sua vida. O que fez esse relacionamento funcionar? Como você pode melhorá-lo?

4. Descreva um conflito que teve recentemente. Como foi solucionado? Com base em seu ponto de vista, foi uma boa solução? Explique.

# COMO INTERAGIR EM GRUPO

**capítulo 9**

Desde o seu nascimento até os dias de hoje, você já pertenceu a centenas de grupos. Os psicólogos definem grupo como a interação consciente entre duas ou mais pessoas. Isso significa que os membros de um grupo devem ter consciência uns dos outros. Portanto, indivíduos fazendo compras em um shopping center não formam um grupo até que um incidente aconteça e os faça prestar atenção nas pessoas ao seu redor. Se o segurança começa a correr atrás de um ladrão e os cidadãos param para olhar, tornam-se membros de um grupo.

O grupo no shopping center dura apenas alguns minutos e se dispersa. Outros grupos, como o Senado Federal ou uma banda de rock, permanecem por anos. Alguns grupos, como no caso do shopping center, são informais. Trata-se de associações livres de pessoas sem regras estabelecidas. Os passageiros de um ônibus, um grupo de amigos ou os convidados de uma festa são todos grupos informais. Já os grupos formais são aqueles com objetivos claros e regras determinadas, como partidos políticos, empresas, instituições educacionais, sindicatos, orquestras, times de futebol e outros do gênero.

> O homem é um animal social.
>
> SÊNECA, FILÓSOFO, DRAMATURGO E POLÍTICO DA ROMA ANTIGA

# Dinâmica de Grupo

Trata-se do estudo sobre como as pessoas interagem em grupo. Todos os grupos possuem metas que buscam alcançar, papéis que os membros devem desempenhar, normas ou regras de comportamento, padrões de comunicação e um grau de coesão.

## Metas

Todos os grupos têm metas, explícitas ou implícitas, de curto ou longo prazos. As pessoas em uma festa, por exemplo, estão lá para se divertir. O objetivo de uma empresa pode ser obter lucros por meio da prestação de serviços para determinado mercado. A meta de um time de futebol é ganhar o maior número possível de jogos.

Nos grupos, as metas podem ser cooperativas ou competitivas. No primeiro caso, os indivíduos trabalham juntos para alcançar um objetivo, como um grupo que monta uma peça de teatro. Quando as metas são competitivas, os integrantes trabalham uns contra os outros para atingir seus objetivos. Quatro pessoas jogando Banco Imobiliário têm metas competitivas, pois apenas um pode ganhar o jogo.

É evidente que, na vida real, as diferenças nem sempre são tão bem definidas. Na maioria dos casos, existem metas cooperativas e competitivas simultaneamente. Considere o exemplo do grupo de teatro: a meta cooperativa é claramente ensaiar a peça para apresentar na noite de estreia. Contudo, os atores podem ter metas competitivas: cada um pode estar tentando ganhar mais aplausos ou as melhores críticas.

A maior parte dos grupos encontrada, em casa ou no trabalho, apresenta os dois tipos de metas. Hoje, por exemplo, muitas empresas organizam seus funcionários em equipes de projetos. Seus membros cooperam uns com os outros para cumprir os objetivos da equipe. Ao mesmo tempo, essas pessoas competem com outras equipes na organização, podendo até competir entre si. Considere uma organização que monta equipes de funcionários para desenvolver novos produtos. Os integrantes dessa equipe colaboram uns com os outros para desenvolver, produzir e comercializar o melhor e mais rentável dispositivo. No entanto, esses indivíduos também estão competindo entre si por reconhecimento, promoção, aumento de salário e poder.

Estudos demonstram que grupos com metas cooperativas comunicam-se melhor e são mais produtivos. Em todas as equipes com metas competitivas, os integrantes tendem a gastar muita energia com a rivalidade. No entanto, tais metas podem ser forças positivas, criando um sentimento de desafio e superação, que motiva as pessoas a fazer o seu melhor.

## Papéis e normas

Se você é o atacante de um time de futebol, espera-se que fique na área de ataque, aguarde os lançamentos e tente fazer o gol. No time, o seu papel é de atacante e as normas são as regras do futebol. Em um grupo, um papel é constituído de um conjunto de comportamentos esperados de uma posição específica, e as normas são as regras que regem as atitudes das pessoas em determinados papéis.

As normas cobrem praticamente todos os aspectos de nossas interações com os outros, apesar de variarem de uma cultura para outra. Por exemplo, em lugares públicos, as mulheres em muitos países muçulmanos devem usar o xador, um pano que cobre a cabeça e o rosto. De forma distinta, nos Estados Unidos[1], muitas cobrem o rosto apenas quando está frio. As normas mudam gradualmente com o passar do tempo e com a influência de uma cultura sobre a outra. Por exemplo, há 50 anos, a calça jeans era usada apenas por quem fazia trabalho braçal ou nas lavouras. Hoje, o jeans é utilizado por diversas pessoas e aceito em todos os ambientes, exceto nos extremamente formais e conservadores.

Existem muitos papéis aos quais se associa um número significativo de normas. Mãe, pai, esposa, esposo, filho, amigo, chefe, funcionário, professor e aluno são papéis comuns com dezenas de regras. Presume-se, por exemplo, que um funcionário seja pontual, responsável, trabalhador e leal. Já um amigo deve ser alguém fiel e compreensivo. As normas desses papéis encontram-se profundamente enraizadas na sociedade, ajudando-a a funcionar harmoniosamente.

Em muitos grupos formais, são atribuídos papéis explícitos aos membros. Em um comitê, o presidente conduz a reunião e um secretário redige a ata. Em uma banda, pode haver um cantor, um guitarrista, um tecladista e um baterista. Já em uma grande empresa, existem vendedores, equipes de marketing, pesquisa e desenvolvimento, engenheiros, produção e administração (Figura 9.1).

---

[1] Aqui no Brasil não faz parte de nossa cultura que mulheres devam cobrir o rosto em lugares públicos. (N.R.T.)

# Dicas

Em diversas empresas, um funcionário exerce uma função em diferentes equipes, não apenas no seu departamento. Por exemplo, um engenheiro pode integrar a equipe do departamento de engenharia, mas também fazer parte de outros departamentos. Esse engenheiro pode representar seu departamento em diversas equipes de projetos com distintos designers, supervisores de produção e gerentes de marketing. Desse modo, ele não apenas precisa de conhecimentos técnicos de engenharia, mas também deve saber lidar com pessoas para trabalhar bem em cada equipe. Portanto, esteja preparado para assumir diversos papéis, dependendo do ambiente em que você se encontra.

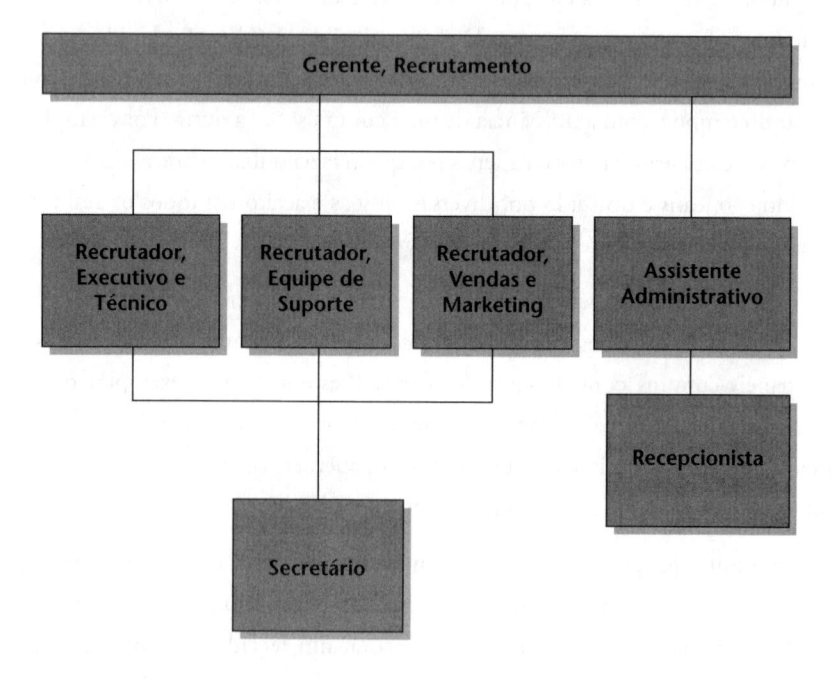

**Figura 9.1** – Um gráfico da organização mostra os papéis exercidos pelas pessoas em uma organização. É exibida uma pequena parcela do departamento de recursos humanos.

## Sua vez 9-1
### Seu ambiente de trabalho como um grupo

*Objetivo*: Este exercício ajuda a entender como uma equipe de trabalho pode ser eficiente ou estar estressada. Pense na equipe à qual você pertence atualmente e responda às seguintes perguntas:

1. Quais são as metas cooperativas da equipe, se houver?
2. Quais são as metas competitivas da equipe, se houver?
3. Com quais papéis da equipe você consegue se identificar? Qual papel desempenha?
4. Quais normas você associa a cada papel identificado?

## Comunicação

Ao participar de um grupo, observe os padrões de comunicação. Uma pessoa domina mandando nas outras? Dois ou três indivíduos conversam entre si enquanto os outros observam? A comunicação é como uma corrente, em que as mensagens passam de uma pessoa para outra? Todos os membros se comunicam entre si?

Os padrões de comunicação dizem muito a respeito dos grupos. Nos formais, esses padrões são rígidos. Nas Forças Armadas, por exemplo, os padrões se assemelham a uma corrente (Figura 9.2), ou seja, as mensagens são passadas em cadeia das patentes mais altas para as mais baixas e, ocasionalmente, na direção inversa. Saltar um elo da corrente configura uma violação grave das normas desse grupo.

Outro exemplo de um padrão de comunicação formal denomina-se *roda*. Uma pessoa no centro comunica-se com cada membro do grupo nas extremidades dos raios, mas os membros não conversam entre si. Seria o caso de um gerente de um escritório que supervisiona um grupo de funcionários.

Em grupos menores ou menos formais, como uma equipe de projetos, um grupo social ou um pequeno negócio, os membros comunicam-se mais livremente entre si, em um padrão denominado *todos os canais*. Na teoria, cada membro do grupo comunica-se com todos os demais, embora na prática o padrão possa ser mais aleatório.

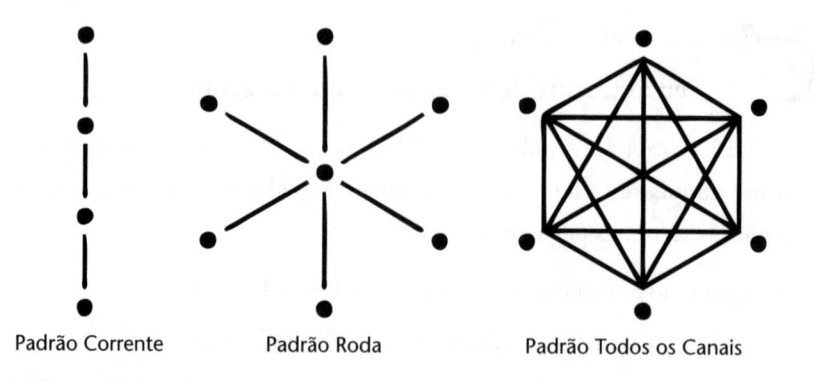

Padrão Corrente          Padrão Roda          Padrão Todos os Canais

**Figura 9.2** – Existem três padrões básicos de comunicação em grupos: no padrão *corrente*, a mensagem é passada de uma pessoa para outra. No padrão *roda*, a pessoa no centro comunica-se com cada uma nas extremidades, mas essas não se comunicam entre si. No padrão *todos os canais*, todos os membros se comunicam entre si.

## Coesão

Todos os grupos têm determinado grau de coesão, ou seja, um grau de união entre os membros. Grupos bastante coesos possuem uma identidade forte, metas e normas claras, e seus membros são muito leais uns para com os outros. As famílias geralmente apresentam um alto grau de coesão, assim como algumas congregações religiosas e grupos sociais.

Um determinado grau de coesão é bom, pois impede que o grupo se desmantele e mantém os membros cooperando para atingir as metas comuns. Um dos trabalhos de um treinador ou gerente, por exemplo, é incentivar a coesão do time ou departamento. Todavia, muita coesão pode causar problemas, como veremos mais adiante.

 # Sua vez 9-2

### Desenhando um padrão de comunicação

*Objetivo*: Neste exercício, você representará visualmente os padrões de comunicação em sua vida. Fazendo isso, adquirirá novas perspectivas da família e do trabalho.

Desenhe o padrão de comunicação típico em seu trabalho ou na família.

## Como as pessoas se comportam em grupos

Você já se pegou fazendo algo que não faria normalmente só porque "todo mundo estava fazendo"? Talvez tenha colado na prova, colocado um *piercing* no umbigo ou gastado muito dinheiro em um produto da moda. A coesão de seu grupo o levou a agir de forma contrária às suas crenças e aos seus valores, submetendo-se ao grupo e obedecendo às suas normas. Em alguns casos, essa condição vai tão longe que deve receber um nome especial, *pensamento grupal*.

### Conformidade

Mudar de opinião ou comportamento em resposta à pressão de um grupo denomina-se conformidade. O ímpeto para estar em conformidade com o grupo pode ser extremamente poderoso, como revelou um famoso experimento conduzido pelo psicólogo Solomon Asch. Grupos de sete alunos foram informados de que participariam de um experimento sobre percepção. Receberam dois cartões e pediu-se que selecionassem uma das linhas no cartão da direita que correspondesse à linha no cartão da esquerda (Figura 9.3).

Você certamente escolheu a linha correta sem problemas. No entanto, como faria na seguinte situação? No estudo de Asch, seis dos sete alunos conheciam a verdadeira natureza do experimento. O grupo recebeu a mesma tarefa: associar as linhas. Os seis foram instruídos a responder unanimemente, em voz alta, na frente do grupo. O sétimo, o verdadeiro sujeito do experimento, respondeu por último, também em voz alta. A princípio, todos responderam corretamente, inclusive o sétimo participante. Em seguida, porém, os seis começaram a selecionar a linha incorreta, contradizendo o que o sétimo indivíduo conseguia ver perfeitamente. Em um em cada três grupos, os verdadeiros sujeitos do experimento se conformaram, ou seja, deram a resposta errada para concordar com o grupo.

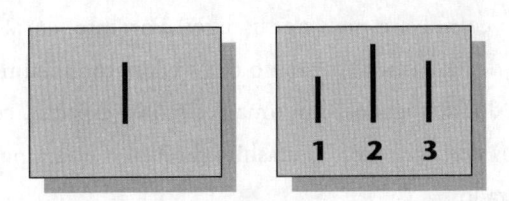

**Figura 9.3** – Qual linha do cartão da direita corresponde à linha do cartão da esquerda?

Nas entrevistas seguintes, ficou evidente que tanto os que se conformaram quanto os que se mantiveram firmes à sua percepção ficaram perturbados com o ocorrido. Os primeiros relataram que sua autoconfiança foi abalada pelo julgamento unânime dos outros membros do grupo. Os últimos afirmaram que se sentiram envergonhados e incomodados por serem os únicos diferentes.

Certamente é importante notar que a conformidade nem sempre é ruim. Em situações sociais comuns, como aguardar em uma fila, entrar no elevador ou assistir a uma aula, a conformidade é simplesmente um comportamento conveniente. Isso significa que essas situações ocorrerão da maneira esperada, poupando as pessoas de terem de tomar decisões o dia todo.

## CASOS E FATOS

### Preconceito, estereótipos e discriminação

Em 1902, Takuji Yamashita, um imigrante japonês, graduou-se em direito pela Universidade de Washington. Foi aprovado com louvor no exame da ordem, mas, segundo o Estado de Washington, não poderia ser um advogado. Na época, imigrantes japoneses não podiam obter a cidadania americana e era necessário ser cidadão para ser advogado. Yamashita levou seu próprio caso ao tribunal, argumentando que leis que excluíam as pessoas com base na raça eram indignas da "nação mais iluminada e amante da liberdade de todas". O tribunal concordou que ele era "intelectual e moralmente" qualificado para ser um advogado. Entretanto, Takuji perdeu o caso, pois os preconceitos da época estavam arraigados no sistema legal.

Noventa e nove anos depois, as leis que excluíam os não brancos da cidadania não constavam mais nos códigos. Portanto, em 2001, 42 anos após a morte de Yamashita, o Estado de Washington finalmente o admitiu na ordem dos advogados. Em uma cerimônia especial, com a participação dos seus descendentes, Yamashita recebeu a honra pela qual havia estudado e lutado.

Como todas as vítimas do preconceito, Takuji foi prejulgado por sua ascendência. O preconceito é uma atitude negativa para com o outro, pelo fato de pertencer a um grupo específico, sem considerar sua individualidade. Estereótipos são as crenças simplificadas em relação às características dos integrantes de um determinado grupo. Por fim, discriminação é a ação tomada contra a pessoa vítima do preconceito.

Qual é a origem do preconceito? As opiniões dos psicólogos divergem. Alguns acreditam que o preconceito é resultado da competição entre os grupos. Quando negros e brancos ou americanos e mexicanos competem por um emprego, os integrantes de ambos os grupos tornam-se preconceituosos em relação ao grupo oposto.

Outros psicólogos pensam que o preconceito é um comportamento adquirido. Segundo essa visão, as crianças absorvem os preconceitos dos adultos ao seu redor, da mesma forma que aprendem outros tipos de comportamento.

Outra teoria defende que indivíduos com determinados traços de personalidade são mais propensos a ser preconceituosos. Pessoas rígidas e convencionais, com pouca autoconfiança, tendem ao preconceito e ficam bem consigo mesmas quando se sentem melhores do que as outras.

Ainda de acordo com outro ponto de vista, o preconceito advém de um pensamento preguiçoso. Em razão de o mundo ser tão complexo e difícil de entender, as pessoas se valem de estereótipos para simplificar seu pensamento e classificar o outro.

A maioria das pessoas tem preconceitos, apesar de muitas vezes não perceber ou admitir isso. O preconceito que resulta em discriminação injusta prejudica os discriminados, como Yamashita. Atualmente, a legislação torna ilegal a discriminação com base em sexo, idade, raça, etnia ou religião. Contudo, a discriminação ainda persiste nas atitudes e nos comportamentos dos indivíduos.

# Armadilhas

## Conformidade

O importante sobre conformidade é saber quando ela é apropriada. Na maioria das circunstâncias, provavelmente é adequada. No entanto, quando crenças, valores e comportamentos de um grupo contradizem suas próprias crenças, seus valores e códigos de conduta, é importante decidir se se deve conformar ou não. Você concorda para evitar conflitos ou age de maneira independente? Eis uma pergunta difícil de responder.

### Pensamento grupal

> A opinião da maioria não é a prova final da verdade.
>
> FRIEDRICH VON SCHILLER, DRAMATURGO, POETA E HISTORIADOR ALEMÃO DO SÉCULO XVIII

Quando um grupo é bastante coeso e seus membros são muito leais uns aos outros, surge, por vezes, um tipo especial de conformidade denominado pensamento grupal. Trata-se de uma aceitação incondicional das crenças e dos comportamentos do grupo, a fim de preservar sua unanimidade. Quando a lealdade ao grupo passa a ser mais importante do que qualquer outra coisa, os membros estão sofrendo de pensamento grupal.

Nesse caso, os integrantes do grupo perdem a habilidade de pensar de forma crítica e independente, distanciando-se de seus valores e consequências morais.

## PARTICIPANDO DE GRUPOS

Você pode utilizar seu conhecimento sobre o funcionamento dos grupos para melhorar a forma como interage com as pessoas. Ao analisar as metas, os papéis e as normas do grupo ao qual pertence, conseguirá compreender sua natureza. É possível também conseguir tirar maior proveito de cada grupo aprendendo a ser um participante ativo.

### Analisando metas, papéis e normas do grupo

Assim que entra em um grupo, você geralmente fica quieto, apenas observando como as pessoas interagem? A maioria tem esse comportamento. Inconscientemente, está tentando entender as metas, os papéis e as normas do grupo.

É possível aperfeiçoar seu poder de análise fazendo a si mesmo algumas perguntas ao encontrar um grupo pela primeira vez. Enquanto observa, tente responder:

- Quais são os objetivos do grupo?
- As metas do grupo são cooperativas ou competitivas?
- O grupo funciona como um time ou existe rivalidade entre os membros?
- Alguns membros estão almejando metas individuais ao invés de metas grupais?
- O grupo tem um líder? Quem é ele?
- Quais outros papéis são evidentes no grupo?
- Quais são as normas do grupo? Trata-se de um grupo formal ou informal?
- Quais padrões de comunicação estão sendo utilizados?

Ao responder a essas perguntas, haverá uma melhor compreensão da natureza do grupo e de seu papel nele. À medida que começar a se sentir mais à vontade com as normas do grupo, pode começar a participar mais ativamente.

## Sua vez 9-3

### Conformidade em sua equipe de trabalho

*Objetivo*: Com este exercício, você terá melhor compreensão da força da conformidade dentro da sua equipe e saberá se existe o pensamento em grupo.

1. Dê dois exemplos de conformidade na equipe.
2. Descreva uma situação na qual um membro da equipe recusou-se a se conformar com as normas do grupo.
3. A equipe sofre de pensamento grupal? Forneça evidências para apoiar sua resposta.

## Participando ativamente

Os grupos tendem a aceitar aqueles que adotam suas normas e a rejeitar os que as ignoram. Portanto, uma vez compreendidas as normas do grupo, o sucesso será maior se o seu comportamento estiver de acordo com elas. Em um grupo formal, com regras de procedimento, é preciso agir de maneira igualmente formal. Já um grupo informal aceita um comportamento mais casual.

## Mike Krzyzewski

Quando Mike Krzyzewski chegou à Universidade de Duke, em 1981, para ser o treinador do time de basquete, o jornal da escola escreveu "não, isto não é um erro de digitação" ao lado no nome dele. Krzyzewski (pronuncia-se "sha-shef-ski") achou graça na situação. Conhecido como Treinador K, desenvolveu um programa de basquete masculino impressionante. O time de Duke, os Blue Devils, ganhou três campeonatos nacionais e teve seis integrantes eleitos como jogadores nacionais do ano. Além disso, todos os jogadores, exceto dois, que disputaram todos os quatro anos, formaram-se e muitos foram jogar na NBA.

O que torna o time do Treinador K tão bem-sucedido? Krzyzewski criou nos Blue Devils uma cultura especial que não se concentra em ganhar. Em vez disso, a ênfase está nos jogadores e nos treinadores assistentes que são valorizados mesmo quando perdem. Dessa forma, o time "tenta jogar duro por ele e tenta jogar muito bem por ele", nas palavras de um ex-jogador.

Em 2001, em homenagem às suas conquistas como treinador, Krzyzewski foi nomeado para o Basketball Hall of Fame. Em seu discurso de agradecimento, disse: "Espero que todos os jovens que jogaram por mim e as pessoas que trabalharam comigo compartilhem esta homenagem. Minha mãe sempre disse para me associar a pessoas excelentes e a instituições extraordinárias. Foi o que tentei fazer".

Segundo Krzyzewski, filho de imigrantes poloneses, sua mãe o ensinou a não ter medo da derrota: "Ela me amava independente de qualquer coisa. Nunca percebi a força disso até a idade adulta". Seus pais o pressionaram a entrar para o Exército e ele foi parar na Academia Militar de West Point, onde praticava basquete. Entretanto, não queria ser oficial militar, mas treinador de basquete. Depois de formado, treinou alguns times particulares por alguns anos. Quando se retirou do Exército, foi para a Universidade de Indiana como assistente do treinador Bobby Knight. De lá, foi para Duke, onde está há mais de 20 anos.

Depois que seu time ganhou o campeonato nacional, em 2001, Krzyzewski declarou: "Adorei treinar esses garotos... Eles se entregaram de corpo e alma, e, mais do que isso, entregaram-se uns aos outros. Essa é a parte mais gratificante do que faço".

**Fontes**: Mike Krzyzewski, disponível em: <http://www.goduke.ocsn.com/sports/m-baskbl/mtt/krzyzewski_mike00.html>, acesso em: 14 jan. 2003; Mike Krzyzewski, Hall of Famers, Basketball Hall of Fame, disponível em: <http://www.hoophall.com/halloffamers/Krzysewski.htm>, acesso em: 14 mar. 2003; Duke's winning coach isn't afraid of losing. America's Best Society and Culture, CNN.com, disponível em: <http://www.cnn.com/specials/2001/americasbest/time/society.culture/pro.mkrzyzewski.html>, acesso em: 14 mar. 2003.

Se o grupo for formal – talvez no trabalho ou em um partido político –, pode ser que você receba uma pauta antes de uma reunião. Nesse caso, leia essa pauta e certifique-se de estar preparado para discutir os assuntos que serão levantados. A preparação envolve reflexão, leitura e pesquisa. Leve a pauta e outras informações relevantes para reunião.

Independente de ser um grupo formal ou informal, seu aproveitamento será melhor se participar ativamente. Além de estar preparado, a participação ativa exige que você:

- *Preste atenção*: Utilize sua habilidade de escuta para acompanhar o que está acontecendo. Em algumas situações, pode ser necessário fazer anotações.

- *Reconheça as opiniões e os sentimentos dos demais*: Mesmo que discorde, não desconsidere as ideias dos outros.

- *Seja assertivo*: Expresse o que pensa quando tiver algo a dizer.

- *Contribua com ideias*: Perceba que os seus pensamentos podem ter valor para o grupo.

- *Seja cordial*: Lembre-se de que os grupos são mais produtivos quando os membros cooperam uns com os outros.

## Normas de comportamento para o local de trabalho

Se em seu ambiente de trabalho o gerente chegasse frequentemente atrasado, estivesse despreparado e atendesse ao celular no meio das reuniões, você provavelmente começaria a questionar sua capacidade de liderar o grupo. Para que o ambiente profissional funcione bem, todos devem ter as mesmas expectativas em relação às normas do grupo – como os funcionários e os gerentes concordam em interagir. Em alguns locais de trabalho, o gerente é bastante explícito sobre o comportamento esperado. Entretanto, na maior parte das vezes, os superiores simplesmente pressupõem que os funcionários irão se adaptar às normas do grupo e aceitá-las. Veja a seguir algumas normas de boa etiqueta no ambiente de trabalho.

### Não falte

Assim como você espera que seu gerente e colegas estejam sempre presentes aos seus compromissos, você também deve participar da mesma forma. Os funcionários que estão envolvidos são, em geral, mais bem avaliados do que aqueles que deixam de participar de atividades importantes no trabalho. Pode haver a necessidade de uma falta eventual por motivo de doença ou outra emergência, mas, além disso, as ausências demonstram falta de comprometimento com a empresa.

### Chegue no horário

Procure chegar no horário regularmente. É crucial chegar mais cedo ou pontualmente às reuniões ou aos compromissos. Chegar atrasado atrapalha a todos, além de não ser nada profissional. Se perceber que precisará se atrasar para uma reunião, certifique-se de avisar antecipadamente e enviar os materiais ou as informações que levaria para a reunião.

### Respeite as políticas sobre alimentos e bebidas

Algumas empresas toleram alimentos e bebidas no local de trabalho. Todavia, em outras, são proibidos, apesar de isso ser raro. Muitas vezes, e dependendo do ambiente, o cheiro de comida distrai as pessoas, os alimentos caem na mesa ou no chão e o lixo é acumulado.

### Desligue o celular durante as reuniões e outras atividades

Já abordamos a etiqueta do celular, mas vale o lembrete de que celulares e *pagers* devem permanecer desligados nos momentos que exigem atenção. Se estiver esperando uma chamada extremamente urgente, informe o líder da reunião ou o gerente antecipadamente. Nesse caso, deixe o telefone no alerta vibratório e atenda à chamada fora da sala.

### Ouça os demais durante as discussões e apresentações

Seja cordial e preste atenção em seus colegas. Dessa forma, estará pelo menos ajudando a garantir que os outros prestarão atenção quando você estiver falando ou apresentando relatórios. Lembre-se de que é impossível fazer duas coisas ao mesmo tempo se uma delas é ouvir.

### Trate os outros com respeito ao falar

O ambiente de trabalho moderno possui diversos indivíduos que podem ter atitudes bem diferentes das suas. Independente de suas opiniões sobre as pessoas, trate-as com respeito, mesmo quando discordar delas. Não interrompa, não domine a discussão e não faça comentários pessoais sobre ninguém.

### Utilize os computadores adequadamente

Caso leve um laptop ou algum dispositivo eletrônico para uma reunião ou um compromisso, utilize-o apenas para o que diz respeito à situação. Não navegue pela internet, não faça compras on-line, não cheque seus e-mails, nem jogue ou trabalhe em um documento que não seja pertinente. Use o aparelho para fazer anotações ou acessar materiais on-line relacionados à reunião.

### Resolva problemas com o líder da reunião

Se tiver algum problema com o líder da reunião ou estiver chateado por algum motivo no trabalho, não levante a questão durante a reunião. Procure discutir o assunto posteriormente ou marque outra hora para isso.

> Lidere, siga ou saia da frente.
>
> DIZERES SOBRE A MESA DE TED TURNER, EXECUTIVO DA MÍDIA AMERICANA

Essas são apenas algumas normas para ajudar as pessoas a ter um bom relacionamento no trabalho e, por conseguinte, aproveitar melhor as experiências.

## LIDERANDO GRUPOS

Em todos os grupos, normalmente existe alguém que toma a liderança. Pode ser a pessoa com autoridade formal, como o gerente mais alto na hierarquia durante uma reunião de negócios, ou simplesmente um membro do grupo que lidera os demais. Liderança é, portanto, mais do que um título. Trata-se de um conjunto de comportamentos, crenças e valores que permitem ao líder persuadir os outros a agir.

## Estilos básicos de liderança

Da mesma forma como as pessoas têm personalidades distintas, também encaram a tarefa de liderar um grupo de maneira diferente. O que muda é a ênfase colocada:

- na tarefa em si – cumprir o que deve ser feito.
- nos relacionamentos com os outros – estar interessado primordialmente nas pessoas.

> Um líder tem a visão e a convicção de que um sonho pode ser alcançado. Ele inspira o poder e a energia para realizá-lo.
>
> RALPH LAUREN, DESIGNER AMERICANO

### Democratas

O líder que enfatiza tanto a tarefa quanto os relacionamentos pode ser chamado de democrata. Sua autoridade tende a advir dos ideais e das metas cooperativos do grupo. É bom na arte de convencer os indivíduos a participar, porque não está excessivamente preocupado em manter sua própria autoridade e poder. Além disso, tem interesse em motivar os membros do grupo a compartilhar responsabilidades para atingir as metas comuns.

### Orientado por tarefas

O líder que coloca mais importância na tarefa do que nos relacionamentos do grupo é aquele orientado por tarefas. Está mais preocupado em fazer o que deve ser feito do que em promover o companheirismo. Tende a ser confiante, independente e ambicioso. Para conseguir que os membros cumpram seus deveres, tenta controlar o comportamento com prêmios e punições. Esse tipo de líder delega tarefas e responsabilidades aos integrantes da equipe.

### Paternalistas

O líder que coloca os relacionamentos acima das tarefas a serem feitas é o paternalista. Acredita que as pessoas vêm em primeiro lugar e enfatiza o desenvolvimento pessoal dos membros da equipe. Por essa razão, tende a agir com solidariedade, aprovação e amizade, e cria um ambiente seguro no qual o grupo pode operar.

**Burocratas**

O líder que não é orientado por tarefas nem pelos relacionamentos é o burocrata. Comporta-se de maneira cuidadosa, ordenada e conservadora. Prefere fatos e procedimentos estabelecidos a comportamentos mais arriscados. Tal líder presta atenção aos detalhes e à precisão.

**Liderança situacional**

Qual desses quatro tipos básicos de liderança é o melhor? A resposta a essa pergunta é: o estilo mais eficaz em determinadas circunstâncias. Apesar de cada um de nós possuir traços e valores que nos fazem pender naturalmente para um desses tipos básicos, os bons líderes são capazes de ajustar seu estilo à situação. Essa habilidade de adaptação chama-se liderança situacional.

 # Elementos de excelência

Depois de ler este capítulo, você aprendeu:

- como entender os princípios básicos da dinâmica de grupo pode ajudá-lo a interagir em grupo e a liderá-lo;
- os principais papéis existentes nos grupos e como compreender seu impacto;
- como o estabelecimento de normas (regras) pode ajudar um grupo a funcionar de forma excelente;
- o que pode fazer para desenvolver sua habilidade de liderar grupos eficazmente.

## Atualize-se

Existem muitas fontes de informações sobre grupos na internet. A seguir, alguns endereços para começar sua busca:

- http://www.has.vcu.edu/. Um professor da Virginia Commonwealth University mantém uma página com links para os recursos sobre dinâmica de grupo chamada "Forstyh's Research in Groups".

- http://www.meetup.com/. Esse site reúne grupos informais com base em interesses comuns e marca reuniões, mas não há garantia de que haverá participantes.

- http://www.google.com/. É possível encontrar um grupo de discussão de seu interesse na internet e participar da conversa selecionando "Grupos".

Você pode buscar outros recursos utilizando as seguintes palavras-chave: *dinâmica de grupo, papéis e normas, conformidade, etiqueta na sala de aula, equipes de trabalho, estilos de liderança, preconceito* e *discriminação*.

## Diário

Responda às seguintes perguntas:

1. Descreva o papel que você exerce na sua família e as normas para o seu comportamento. Até que ponto é útil ter um papel e normas? Até que ponto isso o limita?

2. Você já teve preconceito sobre alguém e mais tarde percebeu que estava enganado com respeito a como a pessoa era de fato? Descreva o que aconteceu e o que mudou sua atitude.

3. Qual foi o grupo menos bem-sucedido do qual você participou? O que fez o grupo funcionar mal? Como a dinâmica desse grupo poderia ter sido melhorada?

4. Descreva uma pessoa que tenha exercido um papel positivo de liderança em sua vida. Quais qualidades tornaram essa pessoa um líder de destaque?

# Como lidar com mudanças e o estresse

## capítulo 10

Dois trabalhadores da indústria foram informados que em seis meses a fábrica fecharia suas portas. Ambos ficaram extremamente estressados pela perspectiva de perder o emprego. O primeiro, após um breve período de raiva e ansiedade, decidiu voltar a estudar e adquiriu novos conhecimentos que o permitiriam sair do chão de fábrica e ingressar em uma carreira mais promissora. O segundo tentou encontrar um emprego semelhante em outra fábrica, mas ninguém estava contratando. Por isso, depois de meses procurando, perdeu a força de vontade para continuar tentando. Apenas dois anos mais tarde, a fábrica fechou, um homem está a caminho de uma nova carreira e o outro está na lista dos "permanentemente desempregados".

Por que alguém encontra motivação diante da perspectiva de uma demissão, enquanto outra se deixa desanimar? Muitos psicólogos acreditam que, na verdade, o estresse está na mente das pessoas. Um acontecimento em si não é suficiente para causar o estresse. Pelo contrário, é entendido como uma reação emocional e física resultante de uma dificuldade para administrar determinada situação, evento ou mudança. Na maioria das vezes, as pessoas sentem estresse quando veem na situação algo além de sua capacidade de superação. Considerar ou sentir que um fato é estressante depende da experiência prévia

> Mudança de sorte é o destino da vida.
>
> PROVÉRBIO

com acontecimentos semelhantes e da habilidade em lidar com isso. Portanto, um evento estressante para uma pessoa é visto como um agradável desafio para outra. Para ilustrar com um exemplo extremo, a maioria de nós sentiria um tremendo estresse em ter de saltar de um avião com um paraquedas nas costas. Os paraquedistas, por sua vez, saltariam com muito mais tranquilidade.

Os indivíduos reagem às situações de forma física e psicológica. No primeiro caso, apresentam aumento nos níveis de adrenalina, o que ajuda o organismo a produzir mais energia, elevação da pressão arterial e aceleração dos batimentos cardíacos. Tais reações podem ajudar a lidar com o estresse em curto prazo, melhorando nossa capacidade de lutar ou fugir. Entretanto, quando o estresse permanece por um período prolongado, pode provocar doenças.

As reações psicológicas a um acontecimento estressante são variadas. Em tais circunstâncias, a maioria das pessoas sente que perdeu o controle de sua vida e que ela é imprevisível. Consequentemente, surgem sentimentos de impotência, ansiedade e tristeza. Essas emoções podem evoluir para raiva ou depressão, em alguns casos preocupantes o suficiente para exigir tratamento.

Apesar dos efeitos potencialmente graves do estresse, é um erro pensar que se trata de uma experiência totalmente negativa. O estresse também pode ser positivo. Muitas pessoas progridem quando buscam novas experiências com as quais não têm certeza se sabem lidar. Quando você muda de emprego, resolve fazer um curso difícil ou decide casar, está procurando o estresse, de maneira consciente ou não. No entanto, se ficasse constantemente na zona de conforto e nunca tentasse algo novo ou desafiador, deixaria de crescer e nunca desenvolveria seu potencial. Para ter uma vida de sucesso, é preciso administrar o estresse que buscamos e aquele que surge inesperadamente.

## CAUSAS DE ESTRESSE

Conforme foi visto anteriormente, o que provoca estresse para uns pode ser um acontecimento rotineiro ou até estimulante para outros. Todavia, é possível traçar algumas generalizações sobre as causas do estresse.

- Eventos negativos criam mais estresse do que os positivos. Por exemplo, o divórcio é mais estressante do que o casamento.

- Acontecimentos imprevisíveis são mais estressantes do que os previsíveis. Adoecer repentinamente acarreta mais estresse do que aquela gripe anual.

- Situações incontroláveis geram mais estresse do que as controláveis. Ser demitido do emprego é mais estressante do que pedir demissão.

- Episódios incertos são mais estressantes do que os definidos. Não saber se você conseguiu o emprego provoca mais estresse do que saber.

Os acontecimentos estressantes podem ser divididos basicamente em dois tipos: eventos decisivos da vida, como casar, ter um filho, mudar de casa, voltar a estudar, perder um emprego e a morte; e os cotidianos, como trânsito, chegar atrasado, vizinhos barulhentos e perder chaves.

## Mudanças importantes da vida

O psiquiatra Thomas H. Holmes e seus colegas pesquisaram a relação entre as importantes mudanças na vida, o grau de adaptação que exigem e as doenças. Constataram que, quanto maior o número de mudanças drásticas em um curto espaço de tempo, mais propensa a doenças está a pessoa.

Como resultado desses estudos, Holmes e seus colegas criaram a Escala de Reajuste Social (Tabela 10.1). Trata-se fundamentalmente de uma lista de mudanças marcantes, às quais se atribui um valor de acordo com o grau de adaptação que ela requer. Segundo essa escala, a morte de um cônjuge é a mudança mais estressante na vida de alguém, recebendo o valor 100. Já as pequenas violações da lei são as menos estressantes, com um valor 11. Holmes descobriu que, quando as pessoas passam por diversas mudanças cruciais em apenas um ano, têm mais chances de ficar doentes. Cerca da metade das pessoas com 150 a 300 pontos e 70% daquelas com 300 pontos desenvolveram uma doença no período de um ou dois anos.

## Tabela 10.1 Escala de Reajuste Social

| Evento da Vida | Valor | Evento da Vida | Valor |
|---|---|---|---|
| Morte do cônjuge | 100 | Saída do filho da casa dos pais | 29 |
| Divórcio | 73 | Problema com a família do cônjuge | 29 |
| Separação do cônjuge | 65 | Excelente conquista pessoal | 28 |
| Período na prisão | 63 | Cônjuge começa ou para de trabalhar | 26 |
| Morte de um membro da família | 63 | Iniciar ou concluir os estudos | 26 |
| Lesão ou doença pessoal | 63 | Mudança nas condições de vida | 25 |
| Casamento | 50 | Mudança nos hábitos pessoais | 24 |
| Demissão do emprego | 47 | Problema com o chefe | 23 |
| Reconciliação com o cônjuge | 45 | Mudança no horário ou nas condições de trabalho | 20 |
| Aposentadoria | 45 | Mudança de casa | 20 |
| Mudança na condição de saúde de um membro da família | 44 | Mudança de escola | 20 |
| Gravidez | 40 | Mudança nos hábitos de lazer | 19 |
| Dificuldades na vida sexual | 39 | Mudança nas atividades sociais | 18 |
| Aumento da família | 39 | Mudança nos hábitos de sono | 16 |
| Mudança no *status* financeiro | 38 | Mudança no número de reuniões familiares | 15 |
| Morte de um amigo íntimo | 37 | Mudança nos hábitos alimentares | 15 |
| Mudança de carreira | 36 | Férias | 13 |
| Aumento no número de brigas conjugais | 33 | Natal ou outro feriado comemorativo | 12 |
| Execução de despejo ou dívida | 30 | Pequena violação da lei | 11 |
| Mudança nas responsabilidades do trabalho | 29 | | |

**Fonte:** Holmes, Thomas H.; Rahe, Richard H. The social readjustment rating scale. *Journal of Psychosomatic Research*, v. 11, p. 213, 1967. Impressa com permissão.

# Armadilhas
## Felicidade e estresse

O interessante sobre o resultado desses estudos é o fato de que até mesmo as circunstâncias normalmente consideradas felizes podem ser muito estressantes. Fatos como ter um filho, mudar para uma nova casa, casar e até mesmo começar a estudar exigem adaptação e causam estresse. Portanto, quando as pessoas passam por grandes mudanças na vida, mesmo as positivas, em um curto espaço de tempo, tornam-se mais propensas a doenças.

---

## Irritações diárias

As grandes mudanças na vida não são as únicas responsáveis pelo estresse. Enfrentar a burocracia, dirigir no horário de pico, quebrar um copo, brigar com a irmã, perder um documento – todas essas pequenas irritações do dia a dia podem colaborar com diversos graus de estresse. Os episódios menos relevantes são mais estressantes quando não podemos prevê-los ou controlá-los.

Alguns pesquisadores acreditam que as pequenas chateações são de fato mais estressantes do que os eventos decisivos da vida. De acordo com eles, os efeitos de grandes acontecimentos da vida são, na realidade, ocasionados pelas dificuldades diárias que criam. Por exemplo, ter um filho – uma mudança drástica – é estressante para os novos pais. Entretanto, pode ser estressante não apenas por sentirem muito amor e alegria, mas também por terem de constantemente alimentar, dar banho, ninar o bebê e passar noites em claro.

> O pessimista é aquele que vê dificuldades nas oportunidades e o otimista é o que vê oportunidades nas dificuldades.
>
> HARRY TRUMAN, PRESIDENTE AMERICANO

## Assumir ou evitar riscos

Há quem acredite que a mudança é uma condição fundamental da vida, e que o novo representa desafios em vez de ameaças. Tais indivíduos tendem a ser mais abertos e flexíveis e assumem riscos quando necessário, aceitando que sentirão certo grau de estresse. Possuem uma autoconfiança positiva e acreditam em sua capacidade de superação.

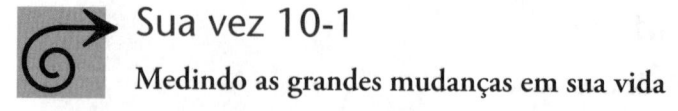

# Sua vez 10-1

## Medindo as grandes mudanças em sua vida

*Objetivo*: Revise as principais mudanças de vida na Tabela 10.1. Por quais você passou nos últimos dez meses? Considere o evento e seu valor em pontos. O próximo passo é somar os pontos para obter o valor total. Fazendo isso, você compreenderá melhor como o estresse está causando impacto em sua vida no momento.

Descubra suas chances de adoecer nos próximos dois anos:

| | |
|---|---|
| 150 ou menos | 30% de chances de adoecer |
| 151 a 299 | 50% de chances de adoecer |
| 300 ou mais | 80% de chances de adoecer |

### Sua própria experiência

Note que cada pessoa reage de maneira diferente ao estresse. Você pode ter uma chance alta de adoecer, de acordo com a Escala de Reajuste Social, mas pode permanecer saudável. Descreva sua própria saúde após os eventos listados acima.

---

Muitos veem a mudança como uma ameaça, sentindo-se mais confortáveis quando a vida entra em uma rotina previsível. A ideia de fazer algo novo e diferente provoca ansiedade. As pessoas que evitam os riscos sentem que as novas situações ameaçam sua frágil autoconfiança e, por isso, empregam mais energia para tentar manter o *status quo*. Ironicamente, o esforço para evitar riscos também ocasiona estresse.

## Padrões de pensamento que produzem estresse

As pessoas com autoconfiança acreditam que são capazes de influenciar os acontecimentos e assumir o controle de sua vida. Por sua vez, aqueles que costumam pensar negativamente se sentem impossibilitados para lidar com a mudança e, em decorrência de seu padrão negativo de pensamento, consideram muitos eventos como estressantes. Acreditar ser incapaz significa perder a vontade de exercer o controle sobre a própria vida e suas circunstâncias, e a sensação de impotência leva ao estresse.

## Roy P. Benavidez

Certa manhã de 1968, Roy Benavidez, um sargento dos Boinas Verdes, denominação das Forças Especiais do Exército dos Estados Unidos, no Vietnã, recebeu um chamado de socorro dos soldados de outra unidade. Benavidez entrou em um helicóptero e voou para o local. "Quando entrei naquele helicóptero, mal sabia que passaríamos seis horas no inferno", declarou ao *San Antonio Express,* anos mais tarde.

Quando o helicóptero pousou, o sargento desceu e foi imediatamente atingido pelo fogo inimigo. Encontrou os soldados e arrastou os feridos para o helicóptero. O piloto foi morto na tentativa de decolar, e o helicóptero caiu e pegou fogo.

Benavidez retirou os feridos da aeronave e estabeleceu um perímetro de defesa. Durantes as horas que se seguiram, organizou contra-ataques, ordenou ataques aéreos ao inimigo, socorreu os feridos e recuperou documentos confidenciais. Foi atingido por tiros, golpes de baioneta e porrete, mas sobreviveu e continuou socorrendo os demais. Por fim, um segundo helicóptero chegou para resgatá-los. Benavidez estava tão esgotado que não conseguia andar ou falar. Os médicos o deram como morto, até que ele cuspiu em um deles para mostrar que ainda vivia.

Benavidez tornou-se soldado para melhorar de vida. Nascido no sul do Texas, seus pais eram agricultores arrendatários e ambos morreram muito jovens. Ele e seu irmão foram criados por um tio. Na função de trabalhadores rurais itinerantes, sua família se mudou tantas vezes que ele mal pôde ir à escola. Para receber educação, melhorar seu inglês e viver melhor, ingressou no Exército aos 20 anos. Decidiu seguir a carreira militar depois de frequentar a Escola de Paraquedistas. Foi atingido por uma mina terrestre no Vietnã, ocasião em que os médicos chegaram a pensar que ele jamais andaria novamente. Entretanto, Benavidez recuperou-se e tornou-se um Boina Verde. Foi durante sua segunda expedição ao Vietná que cumpriu a missão de resgate que lhe rendeu grande reconhecimento.

Por suas ações de salvamento de oito homens, foi condecorado com o Crucifixo para Serviços Relevantes e com uma Medalha de Honra, a maior honraria militar. Seus conterrâneos no Texas já lhe prestaram homenagem batizando com seu nome escolas, a armada da Guarda Nacional e um centro de Reserva Militar. Em 2000, a Marinha anunciou que daria seu nome a um navio – uma homenagem rara para um homem alistado no Exército.

**Fontes**: Roy Benavidez. *San Antonio Express-News*, 29 nov. 1998; Richard Goldstein, Roy P. Benavidez. *New York Times*, 4 dez. 1998; Ship's name to honor Army hero Benavidez. *San Antonio Express-News*, 17 set. 2000; Navy names new roll-on/roll-off ship for U.S. Army hero" e citação de Medalha de Honra disponível em: <http://www.mishalov.com/Benavidez.html>, acesso em: 18 fev. 2003.

## Adaptabilidade

As pessoas que se sentem incapazes ficam vulneráveis ao estresse, porque acreditam que não podem assumir o controle e influenciar seu ambiente. No outro extremo, encontram-se os que pensam que devem estar no controle o tempo todo. Como isso é obviamente impossível, reagem com estresse até mesmo à menor mudança não programada.

> Concedei-nos, Senhor, a serenidade necessária para aceitar as coisas que não posso modificar, coragem para mudar aquelas que posso e sabedoria para distinguir umas das outras.
>
> REINHOLD NIEBUHR, PENSADOR RELIGIOSO E SOCIAL

As que se encaixam entre estes dois extremos – o incapaz e o controlador – são as mais aptas para lidar com o estresse e a mudança. Possuem a habilidade de mudar o que podem mudar e de se adaptar ao que não podem alterar, compreendendo a diferença entre os dois. Tais pessoas são fortes e resilientes. Ao experimentarem estresse, reagem com uma atitude positiva. Além disso, sua habilidade de gerenciar o estresse lhes possibilita recuperar rapidamente um estado mais descontraído.

## SINAIS DE ESTRESSE

Os sintomas do estresse são variados e suas combinações diferem de pessoa para pessoa. Aprender a reconhecer seus diversos sinais, que incluem sintomas físicos, alterações mentais, emocionais e comportamentais, irá ajudá-lo a lidar com ele.

As manifestações físicas mais comuns do estresse são falta de ar, aceleração ou irregularidade dos batimentos cardíacos, dores no peito, fadiga, dor de cabeça, insônia, tensão muscular (principalmente no pescoço e nos ombros), cólicas abdominais e náuseas. Os indivíduos que passam por um período de estresse prolongado ficam gripados com mais frequência.

 ## Sua vez 10-2

### Você tem propensão ao estresse?

*Objetivo*: Antes de ser afetado pelo estresse, é crucial saber o que o "tira do sério" – em outras palavras, aquilo que o deixa estressado. Este exercício irá auxiliá-lo a identificar algumas dessas áreas.

Até que ponto você se reconhece nos itens apresentados a seguir? Considere os números de 1 a 4, sendo: 1 = nunca, 2 = às vezes, 3 = frequentemente e 4 = sempre. Em seguida, some o valor total e veja o resultado correspondente.

- Tento fazer o máximo possível no menor tempo que puder.
- Quando participo de um jogo, tenho de ganhar para me sentir bem.
- Tenho dificuldade em pedir ajuda quando tenho um problema.
- Sou muito crítico em relação aos outros.
- Sou muito ambicioso.
- Tento fazer mais de uma coisa ao mesmo tempo.
- Gasto pouco tempo comigo mesmo.
- Sou muito competitivo.
- Envolvo-me em muitos projetos ao mesmo tempo.
- Tenho muitos prazos na escola ou no trabalho.
- Tenho muitas responsabilidades.
- Fico impaciente com atrasos ou adiamentos.
- Acelero para passar no sinal amarelo.
- Preciso do respeito e admiração dos outros.
- Controlo as horas.
- Tenho muitos afazeres e pouco tempo disponível.
- Meus amigos acham que sou muito competitivo.
- Sinto culpa ao relaxar e não fazer nada.

- Falo de forma muito rápida.
- Fico irritado facilmente.

| | |
|---|---|
| Acima de 70 | Você é muito propenso ao estresse. |
| 60-69 | É moderadamente propenso ao estresse. |
| 40-59 | É pouco propenso ao estresse. |
| 30-39 | Sente estresse ocasionalmente. |
| 20-29 | Raramente sente estresse. |

O estresse muda a maneira de pensar e perceber. Alterações comuns no funcionamento mental incluem menor concentração, maior esquecimento, indecisão, confusão, bem como mente acelerada ou branco de memória.

Pessoas estressadas sentem ansiedade, irritação, depressão, raiva, frustração e medo, podendo se tornar irritadiças, impacientes e ter "pavio curto".

Todas essas alterações no corpo e no cérebro muitas vezes se manifestam em mudanças comportamentais. Os comportamentos típicos do estresse daqueles sob seus efeitos são inquietação, andar de um lado para o outro, roer as unhas; começar a comer, fumar ou beber mais; chorar, gritar, xingar, censurar; e atirar objetos ou agredir fisicamente.

 ## Dicas
### Lidando com a causa

A forma mais direta de acabar com o estresse é eliminar sua causa. Por exemplo, suponhamos que seu trabalho seja estressante, como ser motorista de táxi em uma grande cidade ou cozinheiro de um movimentado restaurante de comida rápida. A maneira mais eficiente de eliminar o estresse nessa situação é conseguir outro emprego.

Conforme abordado anteriormente, muitas mudanças drásticas em um curto período de tempo podem causar estresse. Em geral, é impossível controlar muitos desses acontecimentos. Suponha que sua mãe esteja doente e que você vá se casar e mudar para um novo apartamento, tudo na mesma época. Para evitar a sobrecarga de estresse, seria sábio adiar outras mudanças, como um novo emprego ou um filho.

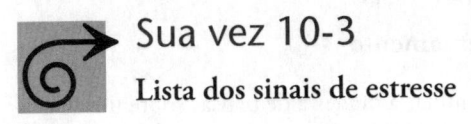

## Sua vez 10-3

### Lista dos sinais de estresse

*Objetivo*: Você está sofrendo de estresse? Mais de dois dos sinais a seguir podem indicar a necessidade de examinar sua vida para identificar as fontes de estresse. Veja os sintomas que se aplicam a você:

**Sinais Físicos**

Falta de ar

Batimento cardíaco acelerado
  ou irregular

Tensão muscular

Náusea

Insônia

**Sinais Emocionais**

Ansiedade

Depressão

Raiva

Frustração

Medo

**Sinais Mentais**

Dificuldade de concentração

Maior nível de esquecimento

Confusão

Mente acelerada ou branco
  de memória

Indecisão

**Sinais Comportamentais**

Andar de um lado para o outro, ficar
  inquieto

Roer as unhas

Mudar os hábitos de comer,
  beber ou fumar

Chorar, gritar ou xingar

Atirar objetivos ou agredir fisicamente

---

## LIDANDO COM O ESTRESSE

Falta de tempo e de dinheiro são problemas comuns que contribuem para o estresse. Portanto, melhorar sua habilidade de gerenciar esses dois elementos pode diminuir o nível de estresse.

Também é possível empregar suas aptidões para solução de problemas em situações inevitáveis. Talvez você precise ser mais assertivo, melhorar suas habilidades de comunicação ou resolver conflitos a fim de reduzir o estresse que está sentindo.

## Reformulando seu padrão de pensamento

Uma forma de lidar com o estresse é mudar a maneira de pensar sobre uma situação estressante (Figura 10.1). O significado de um evento depende da lente através da qual ele é visto. Assim, reformulando suas percepções, é possível dar um novo significado a um acontecimento. Muitos conseguem isso por meio de mecanismos de defesa. Atitudes como distanciar-se, racionalizar, deslocar-se, fantasiar e projetar são formas de abordar situações que provocam ansiedade, sendo úteis em curto prazo, mas ineficazes em longo prazo.

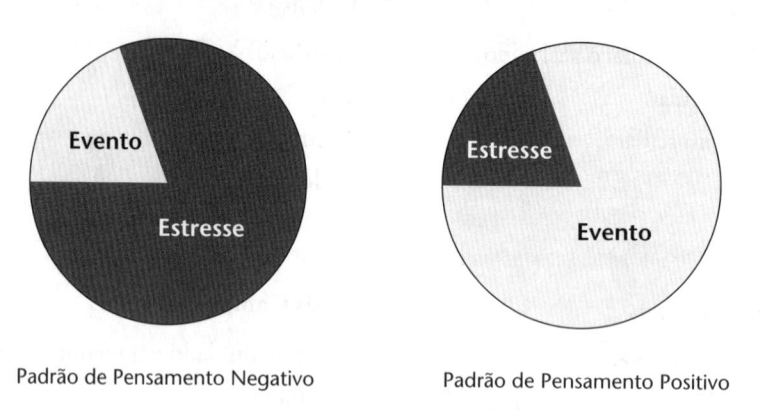

Padrão de Pensamento Negativo          Padrão de Pensamento Positivo

**Figura 10.1** – O estresse envolve tanto um acontecimento como a percepção que se tem dele. Mudar a forma de pensar sobre um episódio estressante pode reduzir o nível de estresse.

## CASOS E FATOS

### Medicamentos que aliviam o estresse: um tratamento, não uma cura

Em alguns casos, as pessoas acometidas por ansiedade e estresse recebem de seus médicos prescrições de medicamentos ansiolíticos. Apesar de serem eficazes na redução da ansiedade, não reduzem as causas do problema. Aliviam os sintomas do estresse, mas não curam os fatores que o desencadeiam, da mesma forma como um remédio para resfriado alivia a congestão, mas não elimina o resfriado. Diferentemente da atividade física, do relaxamento e descanso, que também aliviam os sintomas do estresse, os ansiolíticos apresentam efeitos colaterais e outros riscos.

Os ansiolíticos mais prescritos são o Valium e o Xanax. Ambos são benzodiazepínicos, um remédio que alivia os sintomas da ansiedade sem causar sonolência extrema. Sua atuação reduz a atividade do sistema nervoso central, acalmando a pessoa. Se utilizados corretamente, são eficazes no tratamento de um estado geral e crônico de ansiedade. No entanto, são menos eficientes no tratamento do estresse associado a um evento específico, como a morte de um membro da família ou a necessidade de discursar em público.

Os benzodiazepínicos têm efeitos colaterais indesejados. Em princípio, podem provocar sonolência e falta de coordenação, impossibilitando a pessoa de dirigir ou operar uma máquina. Em segundo lugar, podem interferir no raciocínio e acarretar perda de memória, sendo impróprios para quem precisa estudar. Terceiro, podem multiplicar os efeitos de outras drogas, como o álcool, podendo levar ao coma ou provocar a morte nesses casos. Além disso, também podem causar dependência. Os pacientes que interrompem o uso podem sentir tremores, náusea e alucinações, e a ansiedade retorna.

Embora úteis para alguns indivíduos, devem ser administrados sob a supervisão de um médico. É importante não abusar deste ou de outros medicamentos, pois as consequências podem ser fatais.

Para algumas pessoas, os sintomas físicos e emocionais do estresse podem ser aliviados por meio de técnicas de relaxamento, como a meditação.

Em vez de tentar escapar do medo ou se concentrar na preocupação ou ansiedade que estiver sentindo por alguma razão, tente focar em algo que pode influenciar ou controlar positivamente. Por exemplo, se está estressado por ter de fazer uma apresentação em público, em vez de se preocupar com o seu desempenho, reformule seu modelo mental e concentre suas energias na etapa de preparação e ensaio. Dessa forma, você reconhece sua ansiedade sem deixar que ela assuma o controle.

Falar consigo mesmo de maneira positiva também pode ser útil na tentativa de mudar a forma como as situações estressantes são encaradas. Descrever para si próprio uma situação em termos positivos incentiva o comportamento construtivo. Além disso, é possível aumentar sua resiliência – habilidade de administrar mudanças e estresse – enfocando os pensamentos positivos ao invés dos negativos.

Outra maneira de mudar a forma de pensar é tirar uma folga da situação estressante. Até mesmo algo simples, como uma curta caminhada, pode ser o tempo necessário para o nível de estresse diminuir. Após essa pausa, você se sentirá renovado e terá uma nova perspectiva do problema.

## Aliviando o estresse por meio de mudanças no estilo de vida

A terceira forma básica de controlar o estresse e aliviar seus sintomas é por meio de mudanças no estilo de vida, como hábitos de alimentação, sono e atividade física.

- Diminua ou corte o nível de cafeína. Esse estimulante tem os mesmos efeitos no corpo que o estresse. Evitar café, chá, refrigerantes com cafeína e chocolate reduz os sintomas físicos do estresse.

- Adote uma dieta balanceada. Esse hábito melhora a capacidade do corpo para lidar com o estresse. Evite *junk food*, um tipo de alimento rico em calorias e baixa qualidade nutritiva. Além disso, consuma alimentos como grãos, frutas, legumes e verduras, que, segundo alguns especialistas, possuem um efeito calmante.

- Coma devagar. Tente relaxar e desfrutar as refeições, em vez de engolir o alimento.

- Durma o suficiente. Você sabe o número de horas que precisa dormir para se sentir bem no dia seguinte, portanto tente dormir essa quantidade todas as noites. Falta de sono torna as pessoas mais suscetíveis ao estresse.

- Faça atividade física regularmente. Foi comprovado que exercícios aeróbicos como caminhada, corrida e natação diminuem os níveis de estresse. Esportes ou atividades físicas regulares reduzem a tensão e melhoram sua resistência e capacidade de resolver problemas

- Faça exercícios de relaxamento. Atividades como descansar, meditar, fazer ioga e respirar profundamente ajudam a relaxar o corpo e a acalmar a mente.

- Faça uma pausa diária. Separe alguns minutos para si mesmo todos os dias, dando um tempo nas pressões da vida. Dedique-se a interesses e hobbies que sejam uma fonte de prazer e distração. Até mesmo uma pequena pausa para descansar pode deixá-lo relaxado e apto para lidar com os problemas da vida.

## Em busca de apoio social

Se você tem familiares e amigos, conseguirá administrar melhor o estresse do que aqueles que são sós. Essas pessoas próximas podem atuar diretamente na fonte do estresse. Por exemplo, se você está sobrecarregado com as exigências conflitantes entre o estudo e os afazeres domésticos, alguém pode assumir parte de suas tarefas. Também podem lhe dar informações de que você necessita para resolver um problema. Em alguns casos, é possível que ofereçam apoio emocional, assegurando-lhe que alguém se importa com você.

É interessante notar que as mulheres se sentem mais à vontade para solicitar ajuda do que os homens. Em tempos de estresse, são mais propensas a recorrer a seus familiares ou amigos. Já os homens tendem a lidar sozinhos com o estresse.

## Elementos de excelência

Depois de ler este capítulo, você:

- conheceu as causas do estresse e aprendeu o que pode ser feito para reduzi-lo;
- aprendeu a verificar seu grau de propensão ao estresse e conheceu as estratégias que podem ser empregadas para diminuir o nível de estresse;
- descobriu quão importante é ter uma rede de apoio e como ela pode ajudá-lo a desestressar.

### Atualize-se

Existem diversos sites relacionados ao estresse na internet. Para começar, consulte os endereços a seguir.

- http://www.teachhealth.com. Um médico e sua esposa fornecem um bom panorama das causas, dos sintomas e do controle do estresse. O site está disponível em inglês e espanhol.

- http://www.stressfree.com. Esse site apresenta dicas sobre como lidar com o estresse.

Para encontrar mais informações sobre os assuntos abordados neste capítulo, faça uma pesquisa utilizando as palavras-chave *estresse, gerenciamento do estresse, Escala de Reajuste Social, transtorno do estresse pós-traumático, ansiedade, depressão* e *Diazepam*.

## DIÁRIO

Responda às seguintes perguntas do diário:

1. Compare suas próprias experiências de vida com a Escala de Reajuste Social, na Tabela 10.1. Você confere o mesmo valor que os psicólogos às mudanças que experimentou? Para você, esses acontecimentos foram mais ou menos estressantes do que o indicado na tabela? Explique.

2. Quais irritações do dia a dia lhe causam estresse? Como você pode utilizar as habilidades de gerenciamento do estresse descritas neste capítulo para agir nessas situações?

3. Descreva alguém que você conhece com uma personalidade resiliente que lhe permite se recuperar rapidamente do estresse. O que essa pessoa faz para superar essas circunstâncias?

4. Qual situação no trabalho ou em casa está sendo fonte de estresse? Como você pode lidar com a situação? Quais habilidades sociais, cognitivas, de estilo de vida e solução de problemas podem ser empregadas para reduzir o estresse que você está vivenciando?

# COMO GERENCIAR O TEMPO

*capítulo 11*

Nada simboliza melhor o senso de tempo de nossa cultura do que o relógio digital. Atualmente, em vez do mostrador analógico circular, com ponteiros dando voltas em um círculo sem fim, utilizamos os digitais, evidenciando mais claramente que cada segundo e cada minuto passam e não voltam mais.

Faça o seguinte teste com um amigo utilizando um relógio que marque os segundos: sente-se, relaxe e feche os olhos; quando seu amigo disser "já", tente acertar a duração de um minuto. Se você for como a maioria das pessoas, parará o relógio depois de cerca de 30 segundos. Isso porque a maioria de nós tem uma percepção acelerada do tempo.

Com essa visão sobre o tempo, sentimo-nos pressionados a usá-lo antes que desapareça. O tempo é um recurso limitado que, se não aproveitado, se perde para sempre. A necessidade de utilizá-lo pode provocar grande nível de estresse porque as pessoas se sentem incapazes de controlá-lo. Se, por um lado, é verdade que não podemos dominar sua passagem, por outro, podemos fazer algo para administrar o emprego que fazemos dele. Aplicando técnicas de gerenciamento, é possível superar algumas tendências naturais dos seres humanos, como a procrastinação e a perda de tempo. Além disso, podemos aproveitar ao máximo o tempo limitado de que dispomos.

# TIRANIA DO TEMPO

Somos, com frequência, vítimas de nossas atitudes com relação ao tempo: adiamos as coisas, reclamamos da falta de tempo e utilizamos mal aquele de que dispomos. O objetivo do gerenciamento desse recurso é ajudar as pessoas a superar esses problemas.

## Procrastinação

O ato de adiar, como todos já praticamos, é deixar para amanhã o que realmente devemos fazer hoje. Algumas pessoas desenvolveram tão bem essa arte que passam a maior parte do seu tempo pensando em formas de postergar!

### O que provoca a procrastinação?

Existem muitas causas para adiar uma ação. Uma delas é o medo do fracasso. Diante de uma tarefa difícil, a incerteza sobre o resultado gera muito estresse. Nesse caso, em vez de seguir em frente, algumas pessoas buscam razões para postergar.

Outros indivíduos, sentindo não possuir o controle sobre sua vida, procuram motivos externos que indiquem que deveriam iniciar uma tarefa. Você deve conhecer bem desculpas do tipo: "Começo o regime na segunda-feira" ou "Está muito frio (ou muito calor) para fazer isso". Alguns chegam a depender da astrologia, numerologia ou de biorritmos para indicar a hora "certa" para fazer algo.

 ## Armadilhas

Alguns procrastinadores enganam-se ao pensar que a mera decisão de fazer algo equivale ao cumprimento da tarefa. Imaginam que, por decidirem fazer a lição de casa hoje, podem ir ao cinema antes. Nesse caso, o prêmio vem antes da realização. Fique atento às ocasiões em que você decide fazer algo e isso substitui a ação de fato.

---

### Superando o hábito de adiar

Por que tentar superar esse hábito? A razão mais óbvia reside no fato de que, se você pode começar uma tarefa no horário, tem mais chances de terminar no horário. Se procrastinar, irá se encontrar sempre pressionado, perdendo os prazos ou se matando de estudar na véspera de um exame – situações que causam estresse. Outro motivo para vencer o hábito de postergar é que o desempenho de uma tarefa dentro do tempo hábil confere mais controle sobre essa atividade. Quando começa na hora, você está se permitindo mais tempo, mais controle e, portanto, menos estresse. Uma terceira justificativa é o fato de conseguir cumprir o que deve ser feito. A satisfação por conseguir concluir uma tarefa difícil é muito melhor do que a sensação de adiar algo indefinidamente.

Se você é vítima do hábito de deixar tudo para depois, como superá-lo? Existem várias abordagens básicas, algumas delas podem ser adequadas para você.

- *Estabeleça um prazo para começar.* Algumas tarefas exigem esforço por um período mais prolongado, portanto ter um prazo para terminar não é suficiente. Defina uma hora para começar e atenha-se a ela.

- *Faça o mais fácil primeiro.* Se o trabalho a ser realizado é complexo e parece difícil começar de uma vez, faça o rotineiro ou mais fácil primeiro. Por exemplo, se tem de escrever uma carta difícil, comece pelo envelope, só então passe para os aspectos mais complicados.

- *Dê a si mesmo uma recompensa pelo progresso.* Se o serviço é trabalhoso, dê a si mesmo um prêmio por cumprir parte dele. Guarde a recompensa maior para o final.

### "Falta" de tempo

Muitas pessoas dizem que não adiam, apenas não têm tempo suficiente. Estão sobrecarregadas com responsabilidades na família, na escola, no trabalho, na sociedade e em casa. Cônjuge, filhos, pais, namorado, chefe, professores, amigos e vizinhos estão constantemente exigindo seu tempo. Como conseguirão fazer alguma coisa?

> Aqueles que fazem o pior uso do seu tempo são os primeiros a reclamar da falta dele.
>
> LA BRUYERE, ESCRITOR FRANCÊS DO SÉCULO XVII

A verdade é que todos nós dispomos de 168 horas por semana. Como utilizamos essas horas é um fator crucial. Ao serem indagados, muitos não conseguem contabilizar o uso que fazem do seu tempo.

## Tempo desperdiçado e mal utilizado

> Empregue bem o seu tempo se tem a intenção de ter algum lazer.
>
> BENJAMIN FRANKLIN, ESTADISTA, CIENTISTA E ESCRITOR DO SÉCULO XVIII

As pessoas que acreditam não ter tempo necessário para fazer tudo o que precisam podem estar enfrentando dois problemas. Primeiro, desperdiçam seu tempo, por exemplo, demorando uma eternidade nas refeições, falando mais que o necessário para terminar uma tarefa ou não fazendo nada.

O segundo problema é o mau uso do tempo. Gastam muito tempo em questões sem importância e pouco tempo no que realmente interessa. Os dias são consumidos como o trivial e nunca têm tempo para as tarefas significativas e para o lazer.

Outra forma de utilizar mal o tempo é divagar e perder o foco. Portanto, é essencial se concentrar no que está sendo feito e não permitir desatenção.

## ORGANIZE-SE

A chave para o gerenciamento do tempo é ser organizado. Isso significa que é preciso ter as metas e tarefas em mente e aprender a planejar antecipadamente.

### Lembre-se das metas

Você se lembra das metas que estabeleceu no Capítulo 2? Eram metas de longo, médio e curto prazos, no âmbito pessoal, educacional, profissional e comunitário. Quantas dessas metas você já perdeu de vista?

Como vimos, definir metas é importante, entretanto você não conseguirá alcançá-las se não aprender a se lembrar delas. Anote seus objetivos e coloque-os em algum lugar onde possa vê-los, na porta da geladeira ou na carteira.

## Planejamento

Uma meta ou um projeto sem um plano é um sonho. O planejamento é um processo de raciocínio, em que se desenvolve uma abordagem ordenada e sistemática para alcançar um objetivo, e vem antes da ação. Ao planejar, você considera:

- o que tem de fazer;
- os recursos necessários, como tempo, dinheiro, pessoas, coisas ou informações;
- a melhor forma de dividir a tarefa em etapas viáveis.

Já vimos como criar um plano de ação para suas metas mais importantes. Para tanto, é preciso considerar cada meta separadamente e criar planos individuais. Mas o que acontece quando um plano para uma meta interfere no plano de outra?

## Estabelecendo prioridades

O gerenciamento do tempo seria fácil se você tivesse apenas uma única meta para alcançar e uma única tarefa para efetuar. No entanto, a maioria das pessoas tem inúmeros objetivos e diversas atividades além das dezenas de afazeres do dia a dia para executar.

Parte do planejamento é definir prioridades, isto é, decidir quais tarefas são mais importantes e devem ser cumpridas em primeiro lugar. Ao estabelecer prioridades, revise tudo o que precisa realizar e faça as seguintes perguntas:

1. Quais tarefas devem ser realizadas imediatamente (por exemplo, comprar um presente para a sua mãe se o aniversário dela é hoje)?
2. Quais tarefas são importantes e devem ser feitas logo?
3. Quais tarefas podem ser adiadas por pouco tempo sem maiores problemas?
4. Quais tarefas podem ser adiadas por uma semana, um mês ou mais tempo?

Classifique cada um de seus afazeres em uma dessas quatro categorias de perguntas norteadoras. Fazendo isso, terá estabelecido suas prioridades. As tarefas nas duas primeiras categorias são as prioritárias e merecem atenção imediata.

Esse processo irá ajudá-lo a decidir quais atividades são mais urgentes. Assim, você perceberá que talvez seja preciso adiar uma ou mais tarefas para cumprir as outras.

Algumas ferramentas de gerenciamento do tempo que serão abordadas na seção seguinte podem auxiliá-lo a montar um cronograma. No entanto, antes de partir para as questões mais específicas, lembre-se das seguintes dicas:

- Seja realista quanto à duração das atividades. Algumas pessoas subestimam constantemente o tempo necessário para uma determinada tarefa. Por exemplo, se você vai ao trabalho ou à escola durante o horário de pico, não considere 20 minutos quando a viagem, na verdade, dura 30.

- Algumas tarefas devem ser concluídas para que seja possível iniciar outras. Por exemplo, se você tem de escrever um trabalho, precisa estipular um tempo de pesquisa antes da etapa da redação de fato.

- Lembre-se de que você tem picos de energia em determinadas horas do dia. Tente programar as atividades mais difíceis ou importantes para esses horários.

- Verifique se você pode combinar ou eliminar atividades, e também se existem períodos de tempo que não estão sendo utilizados com sabedoria.

### Programe-se

Uma vez estabelecidas as prioridades, é possível programar o tempo de maneira eficaz. Em princípio, considere o tempo gasto nas atividades fixas e diárias, como dormir, comer, cuidar da higiene pessoal, trabalhar e assistir às aulas. Em seguida, aloque o tempo restante para as tarefas prioritárias.

## Visões do tempo

Por quanto tempo você esperaria alguém se tivesse marcado para se encontrar ao meio-dia e essa pessoa não chegasse no horário? Quinze minutos? Meia hora? Se você for como a maioria das pessoas nas culturas industrializadas, talvez esperasse no máximo meia hora. Depois disso, partiria para seu próximo compromisso. Isso se deve ao fato de que os indivíduos nessas culturas têm uma visão linear do tempo, semelhante a uma seta movendo-se para frente em linha reta. Seguindo essa visão, ontem se foi para sempre, hoje é um momento breve e amanhã está chegando rapidamente. Dividimos nossos dias em compromissos, cronogramas e rotinas, e fazemos uma coisa de cada vez. Percebemos o tempo como um recurso escasso que, portanto, não deve ser desperdiçado.

Nem todos compartilham dessa visão. Nas culturas rurais, o tempo é visto como um ciclo sem fim. Os dias seguem os dias, as estações seguem as estações e o tempo é o da natureza, não o do homem. Se um dia é "perdido", outro virá. Os indivíduos das culturas rurais não compreendem a atitude rígida e compulsiva que nós, nas sociedades industriais, temos em relação ao tempo. Sem a necessidade de coordenar a produção em grandes fábricas ou organizações, onde o trabalho pode ser feito de dia ou de noite, as pessoas do campo continuam contando o tempo segundo os ritmos da natureza.

Um contraste interessante entre as visões de tempo das duas culturas pode ser notado em seus calendários. Em muitos países do Ocidente, os anos são contados a partir do nascimento de Jesus. Nesse tipo de calendário linear, os anos são acrescentados um a um. A China tem utilizado esse calendário ocidental desde 1911, mas a forma tradicional de nomear os anos nesse país é cíclica. Cada ano recebe o signo de um animal, de acordo com um ciclo que se repete – Rato, Boi, Tigre, Coelho, Dragão, Serpente, Cavalo, Cabra, Macaco, Galo, Cão e Porco. Nesse calendário, o ciclo de cada animal se repete a cada 12 anos. Os animais são associados ao horóscopo, assim como os signos do zodíaco na astrologia ocidental. Os chineses consideram divertidos os horóscopos dos animais, mas não os levam a sério. Em vez disso, utilizam os animais para descobrir a idade de uma pessoa sem lhe perguntar diretamente. Se você sabe que alguém nasceu no ano do Rato, por exemplo, é possível calcular em que ciclo a pessoa nasceu e assim deduzir sua idade.

### Listas de afazeres diários

Além de manter uma agenda, listar os afazeres diários pode ajudar a cumprir suas tarefas. Essa lista, preparada pela manhã ou na noite anterior, relaciona todas as atividades que você deseja realizar durante o dia. Elaborar uma lista ajuda a planejar seu dia e a lembrá-lo do que deve ser feito. Além disso, riscar um item concluído dá a sensação de dever cumprido.

## ESTRATÉGIAS DE GERENCIAMENTO DO TEMPO

### Como lidar com as exigências dos outros

Quando as pessoas passam a priorizar e a programar o próprio tempo, muitas vezes se esquecem de que certamente serão interrompidas por amigos, familiares e colegas. Esses indivíduos de seu convívio têm o direito a uma parcela de seu tempo e sua atenção. Ignorar esse fato lhe causará muito estresse, pois os planos fracassarão constantemente e seu relacionamento com os outros será afetado.

É necessário, portanto, planejar as interrupções. Reserve um "tempo de resposta" no seu horário: um momento para atender as pessoas ao seu redor. Se planejar mais tempo que o supostamente necessário para terminar uma tarefa, ainda assim conseguirá concluí-la dentro do prazo, mesmo que seja interrompido. Dessa forma, também estará eliminando uma fonte de estresse – o conflito entre o seu plano e as necessidades de outra pessoa.

### Aprenda a dizer não

O dia tem 24 horas e um bom gerente do tempo sabe disso. Sendo assim, é fundamental desenvolver a habilidade de dizer não para projetos, responsabilidades ou exigências adicionais, sobretudo quando isso significar um excesso de compromissos. É preciso estabelecer prioridades em relação às exigências de seu tempo. Desenvolver assertividade e disposição para dizer não irá ajudá-lo a realizar suas tarefas e metas.

## Dicas
### Como utilizar um tempo extra inesperado

De tempos em tempos, algo inesperado acontece e você ganha 10 minutos ou uma hora com "nada" para fazer. Como administrar esse tempo extra? Se for um bom gerente, utiliza-o para fazer alguma coisa.

A chave para usar o tempo que seria gasto esperando é ter em mãos pequenas atividades a serem feitas.

## Elementos de excelência

Depois de ler este capítulo, você aprendeu:

- o que torna o tempo tão difícil de ser gerenciado e como o hábito de adiar causa impacto em sua vida;

- a monitorar e a gerenciar seu tempo utilizando um cronograma e, em seguida, analisando como esse tempo é gasto;

- estratégias essenciais para se organizar e encontrar um cronograma que seja adequado a você;

- como o conflito entre os seus interesses e os dos outros pode tomar seu tempo.

## FAÇA O QUE FOR PRECISO

### Donna Fujimoto Cole

Donna Fujimoto Cole cresceu na pequena cidade de McAllen, no Estado do Colorado, nos Estados Unidos. Era filha de um fazendeiro e de uma funcionária de cantina escolar. Não havia outra família asiática na cidade além dos Fujimotos, e Cole lembra-se de ouvir piadas das outras crianças na escola.

Aos 18 anos, deixou McAllen para ir para a faculdade no Texas. Em um ano, abandonou os estudos e mudou-se para Houston, também no Texas, onde se casou com John Cole e teve uma filha quatro anos mais tarde. Naquela época, Cole precisava muito de um emprego para ajudar a pagar as dívidas do marido. Durante a entrevista para o trabalho de secretária em uma empresa na área de comércio de produtos químicos, ao tocar o telefone, ela atendeu. Por sua iniciativa, conseguiu o emprego na hora.

Nos anos que se seguiram, Cole adquiriu conhecimentos sobre o negócio de compra e venda de produtos químicos. Em 1978, seu empregador se associou a Del Ray Chemical International para aproveitar um programa reservado para as minorias. Cole e dois parceiros de origem hispânica eram as minorias, detendo uma pequena participação nos negócios. Cole, no entanto, não se importou com os arranjos financeiros. Em 1979, recém-divorciada, investiu US$ 5 mil de suas próprias economias para abrir a Cole Chemical & Distributing Company.

A princípio, Cole administrava a empresa a partir do escritório de um amigo. O dinheiro era tão justo que ela não recebia salário. Sua mãe fazia as compras de mercado e mandava algum dinheiro para ela. Cole dependia da ajuda dos pais, de amigos e da creche para tomar conta de sua filha enquanto montava o negócio. Atualmente, a empresa de Cole tem um volume de vendas da ordem de US$ 60 milhões por ano.

Cole atribui seu sucesso em parte ao trabalho duro e em parte à sorte: "Havia muitas pessoas que faziam negócios com o governo e queriam comprar de proprietários de pequenas empresas de minorias. Eles também viram alguém que iria se interessar por seu negócio".

Recentemente, Cole expandiu suas atividades. Ela se ofereceu como voluntária em 22 organizações até que percebeu que estava envolvida em muitos projetos ao mesmo tempo. Nesse momento, decidiu concentrar-se nas organizações relacionadas ao negócio. Por seu trabalho, recebeu diversos prêmios ao longo dos anos; sua empresa é uma das 100 principais administradas por minorias nos Estados Unidos.

"As mulheres asiáticas precisam crescer e aprender a liderar", diz Cole. "Elas têm tanto a oferecer."

**Fontes**: Asian women in business. The AWIB 2002 Entrepreneurial Leadership Award Winner, Donna Fujimoto Cole, disponível em: <http://www.awib.org/content_frames/DonnaFujimotoCole.html>, acesso em: 31 mar. 2003; Chun, Janean. Take the lead. *Entrepreneur*, p. 46, jun. 1996; site da Tuck School of Business, 26 jan. 1998, disponível em: <http://www.dartmouth.edu/tuck>; Houston Chemical Association. Honorary Members, Donna Fujimoto Cole, disponível em: <http://www.houstonchemical.org/honorary.html>, acesso em: 31 mar. 2003; 100 leading asian american entrepreneurs: Donna Fujimoto Cole; Chemical Distribution. *Transpacific*, n. 67, p. 72-3, 1996.

## DIÁRIO

Responda às seguintes perguntas do diário:

1. Avalie como gerencia seu tempo atualmente. Você tem o hábito de adiar? É organizado? Cumpre todos os prazos? Utiliza alguma ferramenta de gerenciamento do tempo?

2. Em quais atividades você considera que desperdiça a maior parte do seu tempo? Qual benefício essa atividade lhe rende? Isso vale a quantidade de tempo gasta?

3. Como você atende às necessidades de seus familiares e amigos, e às exigências dos estudos e do trabalho? O que facilitaria esse processo?

4. Como você organiza tudo o que tem de fazer? Como pode melhorar sua habilidade de planejar e programar suas atividades?

5. O que você faria se tivesse um dia sem atividades que demandassem o seu tempo?

# COMO GERENCIAR O DINHEIRO

## capítulo 12

Quais são seus sonhos e suas metas? Deseja abrir um negócio próprio, tirar férias no Havaí ou estudar em tempo integral? Não importa qual seja a resposta, provavelmente necessitará de dinheiro para realizar quaisquer sonhos ou metas. Além disso, precisará contar com ele também para as necessidades básicas, como alimentação, moradia, roupas e assim por diante.

Assim como o tempo, o dinheiro é um recurso limitado. Ganhamos uma quantia definida, com a qual tentamos levar a vida – em geral, de salário em salário. Entretanto, da mesma forma como gerencia seu tempo para conseguir aproveitá-lo ao máximo, também é preciso aprender a administrar o dinheiro.

> O dinheiro é o contrário do tempo. Ninguém comenta, mas todos fazem algo em relação a ele.
>
> REBECCA JOHNSON

Este capítulo aborda os princípios básicos do gerenciamento dos recursos financeiros. Antes de começar, você avaliará suas atitudes nesse âmbito. Em seguida, verá como a pirâmide financeira, com seus valores e metas na base, fornece um modelo de gerenciamento pessoal duradouro. Em posse dessas informações, o próximo passo será controlar suas receitas e despesas e preparar um orçamento mensal. Será feita uma revisão dos conceitos básicos do funcionamento bancário, poupança, crédito e seguro. Por fim, serão analisados os prós e contras para aquisição da casa própria, e você entenderá a importância de aplicar hoje em investimentos, como aposentadoria.

## ATITUDES EM RELAÇÃO AO DINHEIRO

> O erro de julgamento ocorre quando você acha que tudo está indo bem, porque seu carro desliza pela estrada, seu novo terno tem excelente caimento e aqueles sapatos caríssimos que comprou deixam seus pés muito confortáveis; e você começa a achar que essas coisas, esses pequenos luxos ao seu redor, representam o que realmente importa na sua vida.
>
> MARTIN LUTHER KING JR., LÍDER DOS DIREITOS CIVIS

O dinheiro é um recurso que demanda extrema responsabilidade emocional para muitas pessoas. O tempo, ou a falta dele, pode causar ansiedade e estresse, mas as atitudes relacionadas ao dinheiro, em geral, se mesclam com a autoconfiança do indivíduo. A cultura americana[1] atribui muita importância ao sucesso material. Segundo essa visão, ter dinheiro é muitas vezes associado ao valor interior da pessoa – quanto mais dinheiro, melhor se é como indivíduo. Quando determina a autoconfiança, as pessoas dependem dos bens materiais para reforçá-la.

Como você se sente em relação ao dinheiro? Ele o torna uma pessoa melhor? Ou trata-se apenas de uma ferramenta para alcançar seus objetivos educacionais, profissionais ou pessoais?

## PIRÂMIDE FINANCEIRA

Depois de refletir sobre suas atitudes em relação ao dinheiro, deixe essas informações de lado por um momento. Você será um melhor administrador financeiro se conseguir separar suas decisões de seus sentimentos. No restante deste capítulo, serão abordados diversos aspectos sobre gestão de finanças pessoais. Iniciaremos com um panorama geral do assunto. Em seguida, serão considerados alguns detalhes que irão ajudá-lo a tomar decisões financeiras.

O panorama geral da gestão das finanças pessoais pode ser visto na pirâmide financeira (Figura 12.1), que fornece um modelo dos principais aspectos desse processo. Na base, encontram-se os valores e as metas que devem ser o fundamento de todas as decisões que envolvem dinheiro. A próxima etapa consiste nas despesas básicas, como moradia, alimentação, roupas etc. Antes de sair gastando dinheiro, você

---

[1] De modo geral, na cultura ocidental o sucesso material é bastante valorizado. (N.R.T.)

deve garantir os recursos para esses dispêndios. Depois de fazer um orçamento com as despesas básicas, é possível avançar um degrau e considerar economias, crédito e seguro. Quando esses itens são incorporados no plano financeiro, a maioria das pessoas está preparada para partir para a aquisição da casa própria, o principal investimento de muitas famílias. Por fim, os recursos são aplicados em investimentos de longo prazo, visando especialmente à educação dos filhos e à aposentadoria.

A pirâmide financeira auxilia os indivíduos no estabelecimento de prioridades que envolvem recursos financeiros e serve de lembrete para as principais metas financeiras em longo prazo que devem ser definidas desde a juventude. Contudo, o modelo de pirâmide financeira não se aplica igualmente a todos. Por exemplo, algumas famílias, porém, nunca chegam a ter a casa própria, e outras não usam crédito. Além disso, o modelo não é sempre sequencial. Embora muitos considerem as categorias na ordem indicada, da base para o topo, essa sequência não se aplica em todos os casos. Por exemplo, se você está morando com seus pais, talvez não precise colaborar para as despesas domésticas, mas já pode ter necessitado de crédito quando contraiu um empréstimo para custear os estudos. Uma vez que as famílias já estejam bem estabelecidas, é provável que tomem decisões financeiras em cada um dos níveis da pirâmide, simultaneamente.

**Figura 12.1** – A pirâmide financeira apresenta um modelo para o planejamento das finanças. Seus valores e suas metas encontram-se na base, de onde devem partir todas as decisões financeiras.

## Orçamento das despesas básicas

Fazer um orçamento traz importantes benefícios. O primeiro e mais evidente é proporcionar noção melhor de onde vem e para onde vai o seu dinheiro. Outra vantagem igualmente relevante é o fato de ajudar a focar suas metas e definir prioridades para alcançá-las. Mesmo que o seu salário aumente no futuro, suas responsabilidades financeiras e seus desejos também serão maiores. Isso significa que deve refletir sobre seus objetivos e decidir o que é mais importante para você. Desenvolver um orçamento o obriga a fazer escolhas, a planejar e a controlar seus gastos. Antes de poder fazer isso, é necessário conhecer bem sua renda e suas despesas.

## Sua vez 12-1

### Revise seus valores e suas metas

*Objetivo*: Este é um bom momento para retomar os capítulos 1 e 2 e revisar seus valores e suas metas. Reflita sobre suas metas e valores mais importantes e avalie aqueles que envolvem dinheiro.

1. Valores mais importantes.
2. Metas de curto prazo.
3. Metas de médio prazo.
4. Metas de longo prazo.

---

### Quatro etapas básicas da elaboração do orçamento

A elaboração de um orçamento consiste em quatro etapas básicas:

1. Contabilização das receitas e despesas.
2. Análise da situação atual.
3. Alocação das receitas.
4. Ajuste no orçamento.

### Contabilização das receitas e das despesas

> O uso do dinheiro é a única vantagem de se ter dinheiro.
>
> BENJAMIN FRANKLIN, ESTADISTA, CIENTISTA E ESCRITOR DO SÉCULO XVIII

Trata-se do primeiro passo na elaboração de um orçamento. Na prática, significa que você deve controlar seus ganhos e gastos durante alguns meses. É preciso acompanhar não apenas as despesas mais altas, como pagamento do carro, mas também as menores, como aluguel de DVD ou lanches. Se você tem uma conta corrente ou faz a maior parte das compras com o cartão de crédito ou débito, terá um bom registro da maioria de seus gastos.

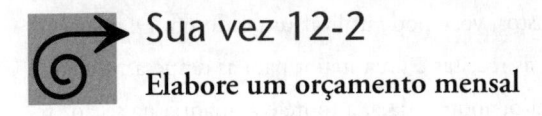

## Sua vez 12-2

### Elabore um orçamento mensal

*Objetivo*: Utilize as informações que reuniu e analisou para alocar seus recursos mensalmente. Considere as quantias que planeja gastar em cada uma das áreas apontadas, durante o período de um mês. Fazendo isso, entenderá melhor seu fluxo financeiro.

| Item | Valor orçado |
|---|---|
| Aluguel ou hipoteca | _____ |
| Telefone fixo e celular | _____ |
| Utilidades públicas (gás, luz, água e esgoto) | _____ |
| TV a cabo/acesso à internet | _____ |
| Seguros (de carro, saúde, vida, residencial etc.) | _____ |
| Parcelas de financiamentos, pagamento do carro | _____ |
| Transporte (gasolina, manutenção, reparos, estacionamento e bilhetes de metrô e ônibus) | _____ |
| Alimentação (compras de mercado e restaurantes) | _____ |
| Roupas | _____ |
| Itens para a casa e reparos | _____ |
| Presentes | _____ |
| Plano de saúde/odontológico | |
| Educação (mensalidades, livros e taxas) | _____ |
| Pessoais (inclusive entretenimento) | _____ |
| Fundo de emergência | _____ |
| Impostos não retidos na fonte (autônomo, predial e prestação de serviços) | _____ |
| Economias para as metas | _____ |
| Outros | _____ |

Para controlar os ganhos e gastos, você pode utilizar um caderno. Divida-o em duas seções – uma pequena para as receitas e uma maior para as despesas. Quando receber o salário ou algum dinheiro, anote a data, a fonte e a quantia na seção "receitas". Quando gastar, marque a data, o item e o valor na seção "despesas". Lembre-se de incluir as compras com o cartão de crédito. Para facilitar o registro, é possível dividir os gastos em categorias, como aluguel, telefone, utilidades públicas, alimentação, roupas, transporte, assistência médica/odontológica, entretenimento, itens pessoais, presentes e assim sucessivamente. Ao final de cada mês, totalize seus ganhos e gastos por categorias. Esses valores constituem a base do seu orçamento.

## Análise da situação atual

Depois de ter analisado suas receitas e despesas por alguns meses, você deve analisar a sua situação. Para tanto, responda às seguintes questões:

- Seus gastos superaram a sua renda?
- Conseguiu pagar todas as despesas fixas?
- Alguma despesa alta e periódica, como anuidade do seguro e material escolar, saiu de seu orçamento?
- Está gastando muito dinheiro em determinado tipo de coisa?
- Quitou todas as contas de cartão de crédito ou pagou apenas o mínimo?
- Conseguiu economizar para uma de suas metas (férias, faculdade, aparelho de som novo, carro, entrada de um imóvel, aposentadoria etc.)?

As respostas apresentadas apontarão as fraquezas em sua situação financeira atual.

## Alocando as receitas

Esta é a hora de tomar decisões. Você controlou suas receitas e despesas por alguns meses e analisou seus padrões de gastos. Provavelmente deve estar pensando que, nesse ritmo, nunca terá dinheiro para alcançar suas metas! Entretanto, existem medidas que podem ser adotadas.

Em primeiro lugar, descubra quanto deve alocar para cada um de seus gastos fixos, como contas mensais (aluguel, luz e cartão de crédito), trimestrais, semestrais e anuais (impostos sobre propriedade, seguro etc.). Talvez perceba que não está preparado para pagar aquela parcela semestral do seguro ou outra conta alta e periódica. Se reservar uma determinada quantia todos os meses, estará pronto para quitar essas dívidas maiores, ocasionais, porém regulares. Por exemplo, se o seguro do carro custa R$ 1.800 por ano, você deve alocar R$ 150 mensais para essa despesa.

> Algumas pessoas são mestres do dinheiro; outras, escravas.
> PROVÉRBIO RUSSO

Depois de ter elaborado um orçamento com as suas despesas fixas, analise as variáveis para descobrir em que está gastando a mais. Aqui é preciso considerar do que realmente precisa e o que deseja. Por exemplo, você está gastando muito mais do que pensava em itens pessoais e refeições em restaurantes? Se conseguisse cortar essas despesas, poderia usar o dinheiro para pagar a fatura total do cartão de crédito ou começar a poupar. Tente alocar recursos para o que realmente importa no longo prazo.

O próximo passo é considerar o que faria se o seu carro quebrasse e precisasse de um conserto de R$ 500. Esse tipo de imprevisto acontece o tempo todo, mas, caso não tenha reservado uma verba para emergências, será pego de surpresa. Recomenda-se um mínimo de dois meses de salário em seu fundo de emergência para o caso de gastos não programados, como consertos e perda da renda por desemprego ou invalidez. Se precisar tirar dinheiro desse fundo de reserva, lembre-se de repor assim que possível.

Por fim, considere suas metas. Se desejar passar as férias na Europa ou comprar uma casa, comece a economizar agora – mesmo que seja uma pequena quantia por mês. Caso esse objetivo seja mais importante para você do que qualquer outra coisa, aloque dinheiro, em princípio, para essa meta. Nesse caso, terá de reduzir as outras despesas até que o objetivo seja atingido. Algumas pessoas vivem frugalmente por anos até conseguirem alcançar uma importante meta financeira, como pagar os estudos, comprar uma casa ou abrir um negócio.

### Como ajustar o orçamento

Um orçamento não é engessado. Conforme você controla as contas, pode notar que não fez um planejamento realista ou que se esqueceu completamente de algum item. Sua renda mudará, assim como suas despesas e metas. Por essa razão, planeje rever seu orçamento periodicamente e revisá-lo quando necessário.

## Sua vez 12-3
### Seu plano de seguro pessoal

*Objetivo*: Muitas pessoas contratam seguros sem compreender exatamente o que estão comprando. Este exercício visa familiarizá-lo com as apólices de seguro.

Considere suas circunstâncias atuais. De que tipo de seguro precisa? Para cada um dos itens a seguir, reflita por que precisa ou não desse tipo de seguro.

1. Seguro de saúde.

2. Seguro de carro.

3. Seguro de vida.

4. Seguro contra invalidez.

## CRÉDITO

Compre agora, pague depois. Parece maravilhoso, não? O crédito é uma transação financeira que confere o direito de adiar o pagamento por um produto ou serviço. Na essência, você está comprando com o dinheiro de outra pessoa. No entanto, deve pagar o que emprestou, com juros.

Há momentos em que usar o crédito vale o preço que se paga. Uma elevada despesa médica ou um conserto do carro são exemplos de situações em que é válido tomar dinheiro emprestado. No entanto, comprar um item de luxo porque as parcelas parecem acessíveis e contrair um empréstimo quando não há perspectiva de poder pagar são duas situações em que não se deveria recorrer ao crédito.

Portanto, seja, cauteloso ao pensar em usar crédito. É tentador – e fácil – emprestar dinheiro e usar cartões de crédito. Porém, a não ser que você mantenha um controle rígido das quantias emprestadas, os débitos vão se somando uns aos outros até que se torna impossível efetuar os pagamentos mensais. Nesses casos, seus credores podem reaver o produto, confiscar parte do seu salário (uma porção de seus ganhos até que o empréstimo seja pago) e incluir seu nome em órgãos de proteção ao crédito. O crédito pode ser atraente, mas fazer mau uso dele pode levar ao estresse e à crise financeira.

## Custo do crédito

Como comprar algo a prazo custa mais do que pagar à vista, deve-se pesquisar antes de contrair um empréstimo ou solicitar um cartão de crédito. As lojas e instituições financeiras praticam taxas bem diferentes. Como consequência, o custo final pode variar muito.

Ao utilizar um crédito, procure conhecer a taxa porcentual anual – a taxa de juros anual cobrada por ano sobre o valor financiado. Além disso, conheça a taxa de financiamento e o total de todos os custos associados ao empréstimo ou crédito – juros, taxas, tarifas de serviços, seguro etc. – antes de assinar qualquer documento. As taxas porcentuais anuais e as tarifas variam muito, portanto é necessário pesquisar para encontrar o melhor negócio.

 ## Armadilhas
### Cartões de crédito

Os cartões de crédito têm inúmeras vantagens: eliminam a necessidade de portar grandes quantias de dinheiro quando se vai às compras, permitem que você pague viagens, entretenimento e mercadorias em todo o mundo, facilitam a compra de produtos por telefone ou pela internet e ainda permitem que você aproveite as promoções, mesmo quando não dispõe do valor em dinheiro. Porém, o lado negativo é que os cartões de crédito podem transmitir a falsa sensação de que se tem muito dinheiro – até chegar a fatura. Sendo assim, apesar das muitas vantagens, os cartões de crédito devem ser utilizados com cautela. As dívidas com esse tipo de cartão estão crescendo constantemente, sobretudo entre os mais jovens. Fique atento ao modo como você usa o cartão de crédito – ou como ele usa você.

## Lidando com as Dívidas

Dever mais do que se pode pagar é, em geral, o resultado de má gestão do dinheiro. As pessoas simplesmente entram em diversos financiamentos e pagam muitas compras com o cartão de crédito. Em alguns casos, a dívida torna-se inadministrável quando há uma queda na renda por motivo de divórcio, desemprego ou doença. Seja qual for o motivo, a dívida pode crescer rapidamente até que seja alta demais para ser liquidada. Na realidade, mais de 1,5 milhão de americanos entraram com pedido de falência em 2002, por não poderem saldar suas dívidas de nenhuma outra forma.[2]

Antes de chegar a esse estágio, deve-se estar atento aos sinais de alerta de que os problemas financeiros podem estar ficando sérios. Faça o teste a seguir para descobrir se alguns dos sinais de alerta se aplicam ao seu caso.

- Você paga apenas o valor mínimo da fatura do cartão de crédito?
- Deixa de pagar algumas contas para pagar outras?
- Entra em pânico quando ocorre uma grande despesa imprevista, como um conserto do carro?
- Depende de hora extra ou bicos para pagar suas contas mensais?
- Pede dinheiro emprestado a amigos e parentes para cobrir as despesas básicas?

Se você respondeu "sim" a uma dessas perguntas, pode estar caminhando para problemas financeiros.

Como recuperar o controle das finanças? O primeiro passo é saber quanto você ganha, gasta e deve. Se não for possível obter por si mesmo essas três informações, você precisa de ajuda. Existem organizações cujo propósito é prestar assistência a pessoas com dificuldades financeiras. Por exemplo, a American Consumer Credit Counseling (http://consumercredit.com) e

---

[2] Segundo Indicadores da Economia, a taxa de inadimplência dos brasileiros registrou alta de 10,8% entre janeiro e abril de 2009. (N.R.T.)

a National Foundation for Consumer Credit (http://www.nfcc.org) são duas organizações americanas que fornecem aconselhamento gratuito ou mediante uma pequena taxa. Essas organizações são mantidas por concessionárias de crédito. Os conselheiros auxiliam as pessoas a desenvolver planos em longo prazo para o pagamento das dívidas, a elaborar um orçamento e a mudar os hábitos de consumo.

**Fontes**: American Bankruptcy Institute. U. S. Bankruptcy Filings, 1980-2002, disponível em: <http://www.abiworld.org/stats/1980annual.html>, acesso em: 3 abr. 2003; *The Consumer Reports Money Book*. Yonkers, NY: Consumer Union, 1992. p. 153; Danger Signs of Financial Trouble. Site da American Consumer Credit Counseling, disponível em <http://accc.pair.com/danger.htm>, acesso em: 6 fev. 1998; *Take a Step in the Right Direction*: A Guide to Managing your Money. Silver Spring, MD: National Foundation of Consumer Credit, 1997.

## Histórico de crédito e seus direitos

A primeira vez que solicitou um cartão de crédito ou empréstimo, talvez tenha sido negado porque você não dispunha de um histórico de crédito. Isso porque nunca tinha usado crédito antes. Assim sendo, conseguiu o crédito por uma das diversas vias para iniciar um histórico de crédito. Essas estratégias também são empregadas para resgatar sua idoneidade creditícia junto aos órgãos de serviço de proteção ao crédito.

- Você obteve um empréstimo em pequenas parcelas e pediu para alguém com um histórico de crédito avalizar para você. Este cossignatário seria responsável pelo pagamento, caso você não pagasse.

- Contraiu um empréstimo de um banco ou financeira onde tinha um histórico positivo. A garantia ao credor foi uma propriedade que você deu como garantia de que pagaria o empréstimo realizado.

- Abriu uma conta de cartão de crédito com limite baixo, que o ajudou a constituir seu crédito.

- Colocou as contas de água, luz etc., em seu próprio nome, mesmo com a necessidade de pagar um alto adiantamento.

- Pagou suas contas em dia.

Os históricos de crédito são mantidos por empresas denominadas agências de crédito (ou órgão de proteção ao crédito). Nos últimos anos, essas organizações têm sido criticadas por cometerem erros nos cadastros e serem lentas nas correções dessas falhas. Você tem o direito de consultar seu histórico e saber quem o acessou nos últimos seis meses. Se as informações estiverem imprecisas, é possível requerer que sejam investigadas e corrigidas. Além disso, serão enviadas cópias do cadastro corrigido a todos os que receberam as informações inexatas. Também é possível acrescentar uma notificação no seu cadastro sobre qualquer informação que julgar injusta. Para ajudar a evitar erros, utilize sempre a mesma forma do seu nome em todos os contratos, contas, cartões de crédito e outros documentos.

## Suas obrigações de crédito

Quando utiliza crédito, você fica obrigado, legal e moralmente, a pagar o que emprestou. Pode haver ocasiões em que, por algum motivo, deixe de efetuar um pagamento ou uma série de pagamentos. Se isso acontecer, notifique seu credor imediatamente e explique a situação. A maioria dos credores ajudará a definir um novo prazo de pagamento, fornecendo-lhe um tempo para se restabelecer. Outra possibilidade é recorrer aos serviços de uma organização de aconselhamento de crédito, que também pode auxiliá-lo a solucionar problemas dessa natureza.

# SEGURO

O seguro protege você e seus dependentes contra problemas financeiros no caso de doença, acidente, roubo, incêndio ou morte, sendo um pilar vital da segurança financeira. O seguro funciona pelo princípio de que nem todos que o adquirem precisarão dele. Em caso de acidente, a seguradora indeniza o beneficiário de acordo com os termos do contrato, evitando, assim, que fique sujeito a pagar uma conta altíssima, sem recursos para isso.

## Assistência médica

Um acidente ou uma doença grave podem significar uma conta médica a ser paga por anos, caso você não tenha um seguro. No entanto, em razão dos altos custos da assistência médica, milhares de americanos estão descobertos. O plano de saúde da maioria das pessoas é obtido via seus empregadores. Em alguns casos, a empresa paga o seguro total, mas, na maioria, o funcionário arca com o custo parcial ou integral. Existem alguns tipos de assistência médica nos Estados Unidos.

- *Seguro de saúde tradicional.* Quando o segurado consulta um médico ou é hospitalizado, a seguradora paga uma parte do custo, geralmente 80%. O restante é pago pela pessoa. O tradicional é, em geral, o tipo mais caro de cobertura médica que existe, porque o segurado pode ir ao médico e ao hospital de sua escolha.

- *Planos de saúde.* Assemelham-se ao seguro tradicional, exceto pelo fato de que o seguro fica limitado em sua escolha de médicos e hospitais, devendo consultar os que fazem parte da rede credenciada. Esse tipo de plano custa normalmente menos do que os tradicionais.

- *HMO (Cooperativas de Plano de Saúde).* Sigla inglesa para "Organizações de Manutenção da Saúde", associações de milhares de pacientes e centenas de profissionais da área médica. Os doentes consultam um dos médicos da HMO e, se precisarem de um especialista, são transferidos para um médico da organização. As vantagens das HMOs são seus custos relativamente baixos (apesar de estarem aumentando rapidamente), a conveniência do acesso a grande variedade de serviços médicos em uma única organização e sua ênfase no cuidado preventivo. As principais desvantagens estão na limitação da escolha dos médicos e o acesso bastante controlado a especialistas.

- *Medicaid e Medicare.* Os mais carentes, em geral, se qualificam Medicaid, enquanto os idosos e deficientes podem obter o Medicare. Ambos são planos de saúde financiados pelo governo federal americano. Além disso, alguns Estados fornecem assistência médica gratuita ou de baixo custo para crianças necessitadas.[3]

## Seguro de carro

Todos os anos, milhares de pessoas morrem, milhões são feridas e ficam com sequelas e bilhões de dólares são gastos como resultado direto de acidentes de automóveis. A maioria dos Estados americanos exige que os proprietários de veículos

---

[3] No Brasil, equivale ao SUS, Sistema Único de Saúde. (N.R.T.)

adquiram cobertura contra perdas e danos, que protegem contra ações no caso de prejuízo a terceiros.

Alguns Estados americanos adotam o seguro de carro "sem culpa". Sob esse tipo de seguro, sua seguradora paga seus benefícios, independente de quem foi a culpa no acidente.

O custo do seguro de automóvel varia consideravelmente, e os jovens motoristas do sexo masculino na região urbana pagam os valores mais altos. Ao contratar um seguro para o carro, vale a pena pesquisar e comparar as coberturas. É possível economizar no custo de uma apólice das seguintes maneiras:

- Compre um carro usado ou mais barato.
- Compre um carro com *air bags*, sistema de alarme ou outro dispositivo contra roubo.
- Opte pelas franquias mais altas em caso de colisão e ampla cobertura. (A franquia é a quantia paga pelo segurado antes da seguradora. Quanto mais alto o valor da franquia, mais barata a cobertura.) O valor de franquia equivalente a uma semana de salário é uma boa regra prática.
- Não compre uma cobertura ampla e contra colisão se o seu carro for antigo.

### Outros tipos de seguro

Outros tipos de seguro de que você pode precisar agora ou quando aumentarem suas responsabilidades financeiras são:

- Seguro de vida, que fornece proteção financeira a seus dependentes na eventualidade de sua morte.
- Seguro contra invalidez, que paga um dado valor mensal em caso de um acidente ou doença que o impossibilite de trabalhar.
- Seguro de residência, que protege contra eventos naturais, incêndio ou roubo de equipamentos e bens móveis.

## AQUISIÇÃO DA CASA PRÓPRIA

Comprar um imóvel – casa ou apartamento – é o maior investimento que a maioria das pessoas faz na vida. A despeito do alto custo de procurar, comprar e manter uma casa, a maioria dos americanos ainda considera a casa própria como parte do sonho americano. Antes de dar esse passo, é importante levar em conta as vantagens e desvantagens envolvidas.

## Vantagens em adquirir a casa própria

Comprar a casa própria apresenta diversas vantagens, dentre elas, principalmente, as emocionais. Para muitos, possuir uma casa é a realização de um sonho, além de transmitir sensação de segurança e controle sobre a própria vida. Em geral, os proprietários estão mais comprometidos com a comunidade do que os inquilinos.

Possuir um imóvel também traz vantagens financeiras. A maior delas é construir um ninho seguro para a aposentadoria, após a quitação da hipoteca (financiamento para a compra da casa). Pagando a hipoteca, faz-se uma economia forçada, pois a casa passa a ser um bem (propriedade). Um imóvel também pode ser uma fonte de dinheiro no futuro, pois possibilita contrair empréstimos e colocá-lo como garantia. Por fim, se mantiver o imóvel por longo período e vendê-lo, você poderá ganhar um bom dinheiro.

 ## Armadilhas

### Desvantagens em adquirir a casa própria

Comprar a casa própria tem um lado negativo. Em primeiro lugar, você pode estar em um estágio da vida repleto de incertezas, como no início do casamento ou da carreira ou após um divórcio. Nessas circunstâncias, suas necessidades quanto à moradia podem mudar rapidamente e adquiri-la poderia restringir sua mobilidade. Vender um imóvel não é apenas custoso e demorado, mas, se os compradores estiverem escassos, existe a possibilidade de ter de arcar com os custos da casa até muito tempo depois de ter se mudado. Em segundo lugar, ter um imóvel é caro. Na maioria dos casos, é preciso pagar uma entrada considerável – 10% ou mais do valor da casa – para conseguir um financiamento. Além disso, a hipoteca é apenas parte do custo mensal que se soma a impostos prediais, seguro, manutenção e reparos. Por fim, a casa própria não é um caminho seguro para ganhar dinheiro. Os preços dos imóveis sobem e descem em curto prazo. Em alguns lugares, permanecem estáveis por anos. No entanto, em algumas grandes cidades, os valores sobem com certa constância.

## Comprar ou alugar?

Se você precisa de ajuda para decidir sobre comprar ou alugar, pode consultar diversos livros ou sites dedicados à moradia ou às finanças pessoais. Neles é possível fazer simulações dos custos e benefícios das diversas opções. Além do mais, existem pacotes de software no mercado que auxiliam com análises financeiras e orientam no processo de tomada de decisão.

## Sua vez 12-4

### Quais são suas metas financeiras de longo prazo?

*Objetivo*: Uma condição importante para o sucesso financeiro é estabelecer metas financeiras realistas de longo prazo.

Pense em despesas altas que provavelmente terá no futuro. Em seguida, faça o que é pedido e considere as questões:

1. Relacione algumas situações ou eventos futuros que exigirão grandes quantias.
2. O que você tem feito para lidar com esses casos?
3. Como pode melhorar seu planejamento financeiro de longo prazo?

### FAÇA O QUE FOR PRECISO

### *Rosario Marín*

Muitos americanos levam a assinatura dessa mulher na carteira. Rosario Marín tornou-se a primeira imigrante latina a ocupar o mais alto nível hierárquico no governo Bush ao ser nomeada tesoureira da Fazenda dos Estados Unidos em 2001. Até pedir demissão em junho de 2003, sua assinatura estava impressa em todas as notas emitidas pelos Estados Unidos.

Nascida no México, mudou-se para a Califórnia com sua família aos 12 anos. Ficou triste com a mudança, porque achou que perderia sua *quinceanera*, festa de 15 anos. Embora não falasse inglês na época, formou-se no segundo grau com louvor.

Em seguida, Marín começou a trabalhar em um banco para ajudar nas finanças da família. Frequentava um curso técnico à noite e conseguiu o certificado de conclusão em quatro anos. Foi, então, transferida para a Universidade da Califórnia, onde se formou bacharel, também estudando à noite. Até então, já havia sido promovida de cargo no banco e se casado.

O nascimento do seu primeiro filho, com síndrome de Down, mudou o curso de sua vida. Antes de Eric nascer, a ambição de Marín era ser presidente de seu próprio banco, mas, após ter o filho, tornou-se defensora dos direitos dos deficientes. Entrou na vida pública no Estado da Califórnia para proteger os interesses de seu filho e foi nomeada para a administração do governador Pete Wilson. Nesse cargo, lutou por leis e programas em benefício dos deficientes. Depois de ocupar inúmeras posições no Estado da Califórnia, foi eleita prefeita de Huntington Park, uma cidade com 99% de habitantes de origem hispânica. De lá, mudou-se com o marido e três filhos para Washington, a fim de cumprir suas obrigações de tesoureira.

Uma das metas de Marín, durante sua estada em Washington, foi educar os americanos sobre a saúde das finanças pessoais. Diante de falências individuais em níveis altíssimos, Marín queria que a gestão do dinheiro fizesse parte da educação de todos os estudantes.

---

**Fontes**: Lobaco, Julia Bencomo; Jones, Cathy Areu. Hispanas Making a Difference, disponível em: <http://www.hispaniconline.com/vista/febhisp.htm>, acesso em: 21 jan. 2003; Radelat, Ana. Rosario Marín: a latina who's right on the money. *Hispanic*, p. 26, jun. 2002; Rosario Marín '04, disponível em: <http://rosarioforsenate.com>, acesso em: 24 ago. 2003; U. S. Department of the Treasury. Treasurer Rosario Marín, disponível em: <http://www.ustreas.gov/education/history/treasurers/marin.html>, acesso em: 21 jan. 2003.

## INVESTINDO NO FUTURO

Em longo prazo, você encontrará situações em que precisa de muito dinheiro. Por exemplo, pode querer abrir um negócio ou pagar a faculdade de seus filhos. Esses são gastos elevados que a maioria das pessoas não consegue arcar apenas com o salário. Mais tarde, durante os anos da sua aposentadoria, precisará de recursos para complementar seu plano médico e de previdência social ou privada, se tiver.

O planejamento financeiro de longo prazo é essencial, mas é algo que muitos têm dificuldade em fazer. Quanto mais cedo você começar a planejar e investir no futuro, melhor será sua situação. Se começar jovem, as quantias que precisará desembolsar serão menores, pois há mais tempo para o investimento crescer. Se começar tarde, terá de investir grandes quantias por ano, que podem interferir seriamente no seu estilo de vida. É indispensável desenvolver o hábito de investir com regularidade, mesmo que os valores sejam pequenos.

Existem inúmeras formas de investir no futuro:

- *Ações*. Quando compra ações, você se torna um sócio da corporação. Seu lucro pode advir dos dividendos pagos quando a empresa vai bem ou da venda das ações quando os preços estão mais altos que os que você pagou. É evidente que existe a possibilidade de não obter lucro, mas prejuízos. De qualquer forma, em longo prazo, as ações têm sido a melhor opção de investimentos.

- *Títulos*. Ao adquirir títulos, você está emprestando dinheiro que será recuperado em uma data específica, em geral com pagamentos intermediários de juros. Os títulos são normalmente menos arriscados do que as ações, mas não têm muito potencial de lucro.

- *Fundos mútuos*. Os fundos mútuos reúnem o dinheiro de um grupo de pessoas e fazem aplicações em nome delas. Existem fundos mútuos de ações e de títulos, bem como fundos que combinam diversos tipos de investimentos.

- *Planos IRA, Keoghs e 401(k)*. São todos planos de aposentadoria. Os recursos são geralmente investidos em fundos mútuos ou em bancos.

- *Conta poupança educacional*. Coverdell e outras contas poupança educacionais destinam-se a incentivar as pessoas a poupar para custear o ensino superior e outros custos com educação. Os rendimentos nessa conta são livres de impostos e também não há descontos quando se saca o valor para custear despesas com educação.[4]

---

[4] Não há equivalente no Brasil. (N.R.T.)

Lembre-se de que todos esses investimentos apresentam algum risco. Diferente do dinheiro na conta poupança, o valor aplicado em ações, títulos e fundos não é garantido pelo governo federal. Portanto, ao investir, esteja preparado para perder dinheiro, mas também para ganhar. Escolher o melhor tipo de aplicação significa pesar riscos e rendimentos. Uma forma de reduzir o risco é diversificar, ou seja, investir em diferentes tipos de ações, títulos e fundos. Se uma das suas aplicações não vai bem, pode ser compensada por outras com bons rendimentos.

## Elementos da excelência

Depois de ler este capítulo, você aprendeu:

- a importância de compreender a pirâmide financeira e como a gestão de seu dinheiro afeta sua vida;
- as estratégias básicas para a elaboração de um orçamento que podem ser aplicadas para colocar as finanças nos trilhos;
- como o crédito e os cartões de crédito podem crescer em espiral e afetar negativamente sua estabilidade financeira;
- por que entender os diferentes tipos e usos de seguros pode melhorar sua condição financeira;
- como a aquisição da casa própria e os investimentos podem ajudar a garantir o futuro.

## CAMINHO DA INFORMAÇÃO

### *Atualize-se*

A internet é uma mina de ouro de sites dedicados às finanças pessoais. Muitos deles são interativos, permitindo que você informe os seus dados pessoais e faça simulações. Por exemplo, em alguns sites é possível calcular o valor do financiamento que pode conseguir para adquirir um imóvel.

- Alguns sites de finanças pessoais (em inglês) são:

  http://www.kiplinger.com;

  http://moneycentral.msn.com;

  http://channels.netscape.com –"Money & Business".

- http://www.quicken.com. Disponibiliza glossários de termos da área financeira.

- http://www.fastweb.com. Uma excelente fonte de informações sobre financiamento estudantil nos Estados Unidos. Trata-se de um banco de dados on-line com uma série de bolsas de estudo, mantido pela Fastweb. Você informa seu perfil pessoal e busca financiamentos mais adequados à sua situação.

Outra possibilidade é utilizar as ferramentas de busca para encontrar mais informações sobre os tópicos abordados neste capítulo, digitando as seguintes palavras-chave: *finanças pessoais, planejamento financeiro pessoal, gestão do dinheiro, orçamento doméstico, instituições financeiras, crédito ao consumidor, aconselhamento de crédito, seguros* (e seus tipos específicos), *casa própria* e *plano de previdência*.

## Diário

Reflita sobre as seguintes perguntas.

1. Descreva as atitudes de sua família em relação ao dinheiro. Discute-se abertamente sobre dinheiro ou esse é um assunto particular? Quem controla as finanças da família? Como são tomadas as decisões? Que papel você exerce?

2. Quais são suas três principais metas financeiras? O que você está fazendo para atingi-las?

3. Você tem um orçamento? Consegue segui-lo? Que melhorias podem ser feitas?

4. Descreva seu relacionamento com o banco, se houver. Que tipos de conta você tem? Para que as utiliza? Quais são suas metas de poupança?

5. Como você lida com o crédito? Como pode utilizá-lo de maneira mais consciente?

# Índice Remissivo

Empatia, 132-133
Enunciação, 114
Escala de Reajustamento Social, 173, 174
Escutando de forma eficaz, 101-108
Esperança, 31-32
Estabelecimento da prioridade, 203-204
Estereótipos, 160
Esteróides, 73
Esteroides anabolizantes, 73
Estilo agressivo de comunicação, 91
Estilo assertivo de comunicação, 92
Estilo manipulador de comunicação, 92
Estilo passivo de comunicação, 91
Estresse
    adaptabilidade e, 178
    medicamentos ansiolíticos, 182–183
    causas de, 172–173, 179–180
    lidar com, 181–184
    irritações diárias, 175
    drogas, 182–183
    efeitos do, 172
    felicidade e, 175
    mudanças importantes da vida e, 173, 176
    reformulando seu padrão de pensamento, 182–184
    aliviando o, por meio de mudanças no estilo de vida, 184
    reações a, 171–172
    assumir ou evitar riscos, 175, 176
    lista dos sinais de, 181
    sinais de, 178–180
    suporte social, 185
    padrões de pensamento que produzem estresse, 176
Etiqueta de comunicação via e-mail, 87-89
Excelência, elementos de
    sistema de crenças, 15
    aptidões de comunicação, 96
    estabelecimento de metas, 32
    dinâmica de grupo, 169
    saúde e estilo de vida, 75
    habilidades de escuta, 109
    gestão de seu dinheiro, 219

interações pessoais, 151
    habilidades de fala, 128
    estresse, 185
    habilidade cognitiva, 51
    gerenciamento do tempo, 199
Exercício, 64-65
    estresse e, 184
Exercício físico, 64-67
Exigência dos outros, reunião, 198
Expressões faciais, 80

## F

Faça perguntas, 102
Fala
    enunciação, 114
    primeiras impressões, 112
    gramática e vocabulário, 114-115
    para grupos, 125–128
    timbre, 113
    pronúncia, 114
    ritmo, 114
    características da fala, 113-115
    ao telefone, 118–119
    tom, 114
    características da voz, 83-84
    volume, 120
Falando para grupos, 125-128
Falha de comunicação, 84-87
Falta de afinidade como barreira à comunicação, 86-87
Fantasia, 153
Fato, opinião ou, 43
*Feedback* nos relacionamentos, 141-145
    fornecendo, 142
    lidando com, de forma positiva, 145
    protegendo a autoconfiança, 144
    recebendo, 142-145
Felicidade, estresse e, 175
Flexível, sendo 31
Franklin, Benjamin, 6-7
Frutas, 60
Fumar, 69
Fundos mútuos, 218

# G

Ganhos
  Contabilização das despesas, 204, 206
  alocando , 206-207
Gerenciamento do tempo
  listas de afazeres diários, 198
  estabelecimento de metas e lembre-se das
    metas, 194
  como você gasta seu tempo, 201–203
  "falta" de tempo, 193
  organização, 194–196
  planejamento, 195
  estabelecimento de prioridades, 195-196
  procrastinação, 192–193
  objetivo do, 192
  programe-se, 196
  estratégias de, 198
  visões do tempo, 197
  tempo desperdiçado e mal utilizado, 194
Gerenciamento financeiro
  orçamento. *Veja* Orçamento
  crédito. *Veja* Crédito
  dívidas, 210-211
  pirâmide financeira, 204-205
  seguro. *Veja* Seguro
  investimentos, 228–230
  Metas financeiras de longo prazo, 216
Gestos, 81-82
Ghandi, Mahatma, 14-15
GHB, 72, 74
Gordura(s), 54, 56
Gorduras insaturadas, 54
Gorduras saturadas, 54
Gramática, 114-115
Grãos, 59
Grupos
  Participando ativamente, 163-165
  analisando metas, papéis e normas do,
    162-163
  como as pessoas se comportam em,
    159-162
  coesão, 158
  comunicação em, 157
  metas competitivas de, 154-155
  conformidade. *Veja* Conformidade
  metas cooperativas, 154

definição, 153
formal. *Veja* Grupos formais
metas de, 154-155, 162-163
informais, 153
liderança, 167-169
normas e,. *Veja* Normas, grupo
participando de, 162, 163-167
papéis em, 154, 155
ambiente de trabalho como grupo, 157
comportamento no local de trabalho,
  166-167
Grupos alimentares, 59-60
Grupos formais
  participando ativamente, 163-165
  comunicação em, 157-158, 158
  definição, 153
  papéis em, 155
  planos 401(k), 218
Grupos informais, 153

# H

Habilidades cognitivas
  cérebro, 35–40
  pensando criativamente, 47–51
  pensando criticamente, 41–47
  memória, 36–40
  memorizando, 36–40
Hábitos alimentares, mudando seus, 62
Harmonia
  essência dos bons relacionamentos, 132-
    133
  melhorando relacionamentos, 93-94
  falta de afinidade como barreira à
    comunicação, 86-87
Heroína, 73
Hierarquia de necessidades (Maslow), 137
Holmes, Thomas H., 173
Honestidade, 3-4

# I

IMC. *Veja* Índice de massa corporal (IMC)
Imitando
  em conversas, 117-118